歴史文化ライブラリー

591

名言・失言の近現代史 上

1868–1945

村瀬信一

吉川弘文館

目次

政党と政治文化

政治とは表現である——プロローグ

1　政治とは表現である

表現活動としての政治

政治にたずさわる人々は、すべて表現者である。国会議員はもとより、大臣・官僚といった行政官、さらに範囲を広げて、政治報道を担う新聞・雑誌その他ジャーナリズム、あるいは政治評論家といった人々の活動を思い起こせば、それは明らかである。政治がことばで行われる営みである以上、当然のことであろう。そもそも、議会政治の基本は、有権者が投票所に足を運び、投票用紙に候補者の名前を書く表現活動である。必ずしも多くの時間と労力を要しないこの活動から、有権者が離れる傾向の強いことが、近年の日本で問題視されているのは、周知の事実である。

試みに、議会政治家のライフサイクルを考えてみよう。選挙に打って出て、運動の中で支持を訴える演説を行い、選挙公報に政見を載せる。当選し、議席を得れば、国会の本会議・委員会で質問をする。そうした実績を積み、当選回数を重ねて大臣となれば、今度は答弁をする側にまわる。大臣になるのは、政治家をめざす者なら、まずは夢みる第一の目標であろうが、そこに至るまで多くの表現活動を必要とし、そこからもさらに表現活動を続けなくてはならないのである。

大臣になってからの答弁といえば、いささか脱線だが、社会党の参議院議員で副議長まで務めた秋山長造《あきやまちょうぞう》が、平成五（一九九三）年に出した回想録『一筋の道　わが回想録』によると、「重大な問題だから」とか「正確を期するため」とか、わざわざことわって役人に代弁させて平然としているような「不見識な大臣」が、少なからずいたというのである。

大臣たる者がこの体たらくでは、真面目な有権者・納税者である国民なら殺意すら覚えかねまい。しかし、彼らのような大臣でも、こうした「答弁」によって、大臣としての意識や日常の勤務ぶりをみごとに表現していたことになろうか。

「ことば」で政治をみること

筆者は、四〇年あまり日本近現代政治史研究に携わってきた。その素材としてきた史料は、政治家・官僚の日記や書翰《しょかん》、回顧録・自叙伝の類《たぐい》、さらには議会の本会議・委員会議事録、行政機構が政策立案から施行に至る過程で作成する公文書といった、文字どおり、政治という表現活動の結果として生産されたものである。

それらを通して、膨大な量の政治の「ことば」に接してきたわけであるが、その中に、政治史研究が主な対象とする政治過程の一齣《ひとこま》を示すわけでは必ずしもないが、その時々の政治状況、政治の流れの転換点、あるいは日本固有の政治文化なり政治指導者の特異な個性といったようなものを伝える、重い「ことば」の存在に気づかされることがあった。

本書は、それらを通じて、ごく粗い日本近現代政治史を描いてみようという試みである。

「名言・失言」の意味

本書の題名に興味をひかれて手に取り、開いてみた方は、想像した内容とずれがあることに驚き、失望されるかもしれない。「名言」といっても、たとえば「板垣《いたがき》死すとも自由は死せず」的な、定番の名台詞はほとんど取り上げていない。また、「失言」といっても、今でもときおりジャーナリズムを騒がす、政治家の不適切な発言や、誤解を招きかねない不穏当な表現が批判され、それを受けて発言の主が陳謝あるいは辞任することで決着がつけられたような、一過性のケースも同様である。

それでは、本書が題材とするのはどのような種類のものか。

本書が着目する「名言」とは、特別の気負いもなく口にしたにもかかわらず、意外に含蓄があり、重要な何ものかを表現しているような発言である。「失言」の方は、御世辞にも上品とはいえないものの、それを感情のおもむくまま吐露してしまったことに、少なからざる意味を見出すことができる発言ということになる。つまり、「名言」・「失言」ともに、その場あるいはその時限りの話題に終わらず、ストーリー性を持つような、言い換えればまさに歴史を背負っているような点に注目して取り上げている。そのことは、あらかじめ御承知おきいただきたい。

このような方針をとることで、筆者独自の基準による、はなはだ恣意的な選択との御批判を頂戴することになるであろうが、ひとつの実験としては決して意義なきにあらずと考えている。また、こうした基準を設けたことで、「名言」と「失言」との、意外な類似を実感できたという副産物もあった。

本書の内容

本書が対象とするのは、明治の帝国議会開設から、昭和の日中戦争期までである。立憲政治の運営を開始し、アジアの国で唯一その定着に成功して列強の仲間入りを果たしながら、昭和に入って政党政治が没落し、権力の分裂傾向に悩まされるようになるというのがその間の流れということになる。

ただ、「政党リーダーたちの金の作法」・「名演説の舞台装置」・「牛歩戦術の御披露目興行」などの文章では、戦後期にも触れている。構成がルーズすぎるという理由で、この点も御批判の対象となるかもしれない。しかし、日本政治には戦前と戦後で共通する要素もあり、また、戦前と戦後との比較が読者の理解のためには有益という場合もあることを考慮したためである。その点は御寛恕《ごかんじょ》いただければと思う。

帝国議会と戦争

樺山資紀のふるった「蛮勇」

それで明治七年は何の役であった、明治九年は何の役であった、明治十年はどう云ふ役であった、明治十五年はどう云ふ役であった、明治十六年はどう云ふ役であった〔中略〕いたずらにただ目前の事を以って一億二千万を使用したと言うは、本大臣において意外千万のことである。そういう事を以って、今日海軍大臣が不信用だと言っては、かくては却《かえ》って事の事実を損ない、事のすなわち虚妄《きよもう》の事を連ねて、海軍大臣が不信用であると言うのは、自ら不信用を招くの所以《ゆえん》ではないか。分かった話であるじゃらう。そこでさ今日此新事業二件を削除せられたといふ如きは、此の如きの事件より起これり、此の如き事由に依って削除するということなれば、本大臣に於て遺憾千万である。此の何回の役を経過して来た海軍であって、今迄《まで》此の国権を汚し、海軍の名誉を損じた事があるか。却て国権を拡張し海軍の名誉を施した事は幾度かあるだらう。四千万の人民も其位の事はご記憶であるだらう。〔中略〕此の如く今日此の海軍のみならず、すなわち現政府である。現政府は此の如く内外国家多難の艱難《かんなん》を切抜けて、今日まで来た政府である。薩長政府とか何政府とか言っても今日国の此の安《あん》寧《ねい》を保ち、四千万の生霊に関係せず、安全を保ったということは、誰の功力である（笑い声起こる）。甚《はなは》だ……お笑いになるようの事ではございますまい。

（『衆議院第二回通常会議事速記録第二十号』より。原文は片仮名）

本書の開巻を飾るに相応しいかはわからないが、体制側に位置した政治家の口から出たことばとして、史上初めて議会で注目されたし、知名度もあるということで選んだ。

議会制度が開始される意義は、何といっても、それまで少数の有力者だけの閉鎖空間に限定されていた政策決定過程を、重要な部分にまで踏み込んで公開することにある。ここに掲げたのは、近代日本がその議会制度導入に踏み切ってまもなく、第二回帝国議会における予算審議の最中、正確な日付をいえば明治二四（一八九一）年一二月二二日の衆院本会議において、当時の第一次松方正義《まつかたまさよし》内閣の海軍大臣・樺山資紀《かばやますけのり》が行った演説である。「蛮勇《ばんゆう》演説」という名称で知られるが、まさにその名に背かぬ衝撃を与え、ついに日本憲政史上初の衆議院解散をもたらしたものであった。あまりに長いので読者は辟易されるかもしれないが、ではどこを摘まむかとなると甚だしい困難に直面するし、そもそも、ある程度長く引用しないと意義も面白さも伝わらないので、恐縮だがご辛抱いただきたい。

なぜ「蛮勇」はふるわれたか

高校日本史教科書の明治史の記述において、薩摩出身の政治家でまず登場するのは何といっても西郷隆盛《さいごうたかもり》と大久保利通《おおくぼとしみち》で、次いで黒田清隆《くろだきよたか》（明治天皇から大日本帝国憲法を下賜される首相として描かれた錦絵が、教科書などに載せられることもある）・松方正義・西郷従道《つぐみち》・大山巌《おおやまいわお》という、後の元老たちである。それに対して樺山は、天保八（一八三七）年生まれ（三条実美《さんじょうさねとみ》や板垣退助《いたがきたいすけ》と同年）で当時満五四歳、明治七年の台湾出兵や、同一〇年の西南戦争に従軍し、日清戦争では海軍軍令部長（海軍の、作戦面における総責任者）を務めるなど専ら軍務畑を歩き、後述するように大臣歴も相応にあるとはいえ、格の上では彼らに遠く及ばない。その樺山が教科書に登場するのは、ほぼこの演説のおかげであろう。何故、樺山はこのような演説を行ったか。というより、行ってしまったのか。

富国強兵と民力休養

話は一年前にさかのぼる。明治二三年一一月に開幕した第一回帝国議会は、第一次山県有朋《やまがたありとも》内閣と、衆議院で多数を占めた自由党・改進党との厳しい対立が展開される場となった。自由・改進両党は提携し、山県内閣に対抗する方針をとる。争点となったのは予算問題であった。

山県内閣の予算方針、というより政府の一貫した方針は富国強兵である。明治一〇年代後半から緊張の度を加えている朝鮮半島情勢に鑑《かんが》み、そこを舞台とした清との衝突がおこる可能性に備えなければならなかった。山県内閣は軍備拡張に力点を置いた予算案を提出し、それと関連して山県首相は、朝鮮半島を国境線ならぬ「利益線」と呼び、そこをたやすく他国（もちろん、念頭にあるのは清である）の強い影響下に置かれてしまえば、日本の立場が危うくなるからこのような予算が必要なのだと力説した。

図１　樺山資紀（国立国会図書館「近代日本人の肖像」）

しかし、自由・改進両党を中心とする民党《みんとう》（中江《なかえ》兆民《ちょうみん》の命名により、反藩閥政府を標榜する勢力は、人民の味方・代弁者という意味を込めて「民党」と呼ばれた）は、まず減税を行うべきであると主張した。政府は無駄な官職・人員を抱えている、それら人件費を中心とする行政費を削ることで生ずる財源を、特に当時の歳入の中心であった地租（現在の固定資産税にあたる）の賦課率（地価の二・

五％）低減に充てて、疲弊している国民の負担を軽くすべきであるというのである。これを民力休養論といった。

減税というのは、誰もが均《ひと》しく恩恵を蒙り、反対を受ける可能性の最も少ない政策であり、スローガンである。当時の日本は農業国の域を脱しておらず、有権者も代議士も多くが地主であった。しかも、当時、選挙権・被選挙権を持つには直接国税を年一五円以上納めていることが資格要件で、それだけの額の地租を負担しているのは、農村で一定程度以上の広さの土地を所有している者に限定されていたことから考えて、政党が有権者の要望に応えるべく減税を掲げようと思えば、着目するのは第一に地租の賦課率であった。

わかりやすいスローガン

加えて、そもそも政策的な知識・情報では政府側が圧倒的な優位に立っており、高度な政策論議では民党側は太刀打ちできるものではない。とにかく、無駄な行政費を削り、その分を減税に回せというのは、政党の支持基盤にもわかりやすく、議場に臨む代議士自身にもわかりやすい主張だったのである。

これに先立つ数年前、当時の外務大臣・井上馨《いのうえかおる》が条約改正交渉の一環として、日比谷に鹿鳴館《ろくめいかん》という、迎賓館にあたるものを建築し、そこで政府高官が近代化・欧米化をアピールするかのように連日、贅沢なパーティーを開催したことが悪印象として国民一般の記憶に残っていたのも、無駄を省いて減税に回せ、という主張に力を与えた。

こうした両者の主張が真っ向からぶつかったのは予算審議で、山県内閣が提出した予算案を、衆院予算委員会は容赦なく削減に努めたのである。改進党の著名な代議士・尾崎行雄《おざきゆきお》の回想によると、複雑な予算案を査定して無駄な行政費を削る作業も大変であったらしいが、同じ改進党に属する阿部興人《あべおきと》という、大蔵省で財務課長や地方財政課長を務め、大阪府で予算編成を担当した経験を持つ代議士が、予算査定作業の際の専門知識の必要な部分を一手に引き受けてくれたという（『咢堂《がくどう》回顧録　上』）。その甲斐あって、八八〇万円もの額を予算案原案から削減する予算査定案ができあがる。それは、歳出の一〇%にもあたろうかという額であった。

これだけの減額は山県内閣としてはとても呑めるものではなかったが、しかたなく、自由党の一部を買収によって切り崩し、六五〇万円程度の削減で妥協成立した。しかし、これは一時の平和を得たにすぎなかった。なぜなら、富国強兵を進める上では毎年、予算を拡大しなければ意味が無いからである。大日本帝国憲法には、議会が予算案を通さない場合の安全弁として、第七一条「帝国議会ニ於テ予算ヲ議定セス又ハ予算成立ニ至ラサルトキハ政府ハ前年度ノ予算ヲ施行スヘシ」を置いてあるのであるが、実際問題として、政府の立場からすれば、軍備は年々拡張しなければいけないのに、予算は膨らませられず前年度予算執行、削った分の予算の余剰分が手つかずで溜まっていくだけでは話にならないのであった。山県首相が、妥協に払った時間とエネルギーの代償に得た貧しい成果に徒労感を覚え、辞意を示したのは当然であった。

第一回帝国議会が閉幕すると間もなく山県首相が退陣し、蔵相であった松方正義が後を引き継いで首相となった。明治二四（一八九一）年五月成立の第一次松方内閣である。

だが、早速に同年暮れの第二回帝国議会をどう乗り切るかという問題がふりかかる。第一回帝国議会では地租条例改正が成立せず減税が実現しなかったので（会期が尽きてしまって審議未了であった）、削減分がそっくり手つかずで残っていた。それを狙い民党側がまた減税攻勢をかけてくることは間違いなかったので、対策を立てておく必要があった。

井上毅の献策

その対策を提言したのが井上毅《いのうえこわし》であった。彼はよく知られているように、大日本帝国憲法を伊藤博文《いとうひろぶみ》らとともに起草した人物である。その井上が提言したのは、早い話、富国強兵と矛盾せず、しかも代議士たちが好みそうな政策とを組み合わせた予算を提示すれば衆議院に対抗できるのではないか、予算を円滑に通せるのではないか、ということであった。

富国強兵と矛盾せず、代議士に歓迎されそうな政策とは、たとえば鉄道敷設である。鉄道が整備されれば、人と物の移動が便利になるというだけでなく、原料を工場に、生産品を消費地に運搬しやすくなることで産業の振興につながるし、米その他農作物や生糸といったものの販路が広がり、農家の利益にもなる。甲信地方の製糸業にとって、中央線のあるなしが大きな意味を持ったのはそうした理由によっていた。鉄道の他にもう一つ、富国強兵と矛盾しない、代議士にとってフレンドリーな事業といえば治水事業が挙げられる。治水事業は、明治新政府成立以来、必要性はわかっていながら財源を充分にまわせず、着手が遅れていた。国家予算に治水費が相応に盛り込まれていれば、表現は悪いがそれを餌に代議士を懐柔でき、軍備拡張予算への抵抗を和らげることができるかもしれなかった。

ところが、いざ予算を組んでみると、前議会で生じた剰余分のほとんどは軍備拡張に振り向けられることになってしまい、代議士の心を揺るがす魅力を発揮することはできなかった。その結果、前回議会同様の対立が再現されることになる。その対立の中で行われ、日本憲政史上初の衆議院解散をもたらしたものが、ここに掲げた樺山の演説なのであった。

図2　井上毅（国立国会図書館「近代日本人の肖像」）

「蛮勇」の論理

さて、肝腎《かんじん》の樺山演説の内容なのだが、文章に起こしても支離滅裂としかいいようがない。それでもとにかく読んでみると、どうやら「今日此新事業二件を削除せられたといふ」ことに激怒しているらしいことはわかる。「此新事業二件」とは、海軍省所管分の内の軍艦建造費と製鋼所建設費をさしている。それを予算査定で削るとは何事だ、というわけである。その怒りを正当化すべく、樺山が試みたのは、明治初年から政府が直面してきた数々の戦乱、紛争について、代議士たちの記憶を喚起することであった。

樺山がまず挙げている「明治七年は何の役であった」は佐賀の乱と台湾出兵、「明治九年は何の役」とは、この年、西日本に相次いで起こった神風連《じんぷうれん》の乱・秋月の乱・萩の乱という、三つの士族反乱をさしていると見てよい。その集大成として、「明治十年はどう云ふ役であった」と言い放った西南戦争がある。この一句を発した時の樺山の声は、一段と大きく張り上げられていたかもしれない。西南戦争の時、樺山は谷干城《たにたてき》などとともに熊本城に籠城し、西郷軍の重囲に耐え抜いた男である。少し飛んで「明治十五年はどう云ふ役であった」とは壬午《じんご》軍乱であろう。朝鮮の閔《びん》氏政権は、日本の支援による開化政策を推進していて、その一環として「別技軍《べつぎぐん》」という近代的軍隊を、日本人教官の指導の下に整備しつつあった。ところが、それに不満を抱いていた旧式軍隊が、俸給支給の問題をきっかけに暴動を起こした事件である。日本公使館も襲撃対象となり、公使館員・日本人顧問が犠牲となった。日本政府は鎮圧のために軍艦と兵員を派遣したが、鎮圧の主導権は日本と同時に軍隊を出動させた清に握られ、以後、朝鮮における日本の影響力は後退した。

それに続く「明治十六年はどう云ふ役であった」だが、実は明治一六年に「役」らしきものは起こっていない。壬午軍乱に続けているところから見て、実際には明治一七年一二月に発生した甲申《こうしん》事変を念頭に置いていたのであろう。朝鮮政府内の親日派が企てたクーデターを、日本が密かに支援したものの、清の介入のため失敗に終わり、日本と清は翌明治一八年に天津《てんしん》条約を結んでとりあえずの平穏を得たという事件である。明らかに樺山の勘違いなのだが、大臣、起こった年を間違えてますよ、などと突っ込みを入れられる雰囲気ではなかっただろう。

後半部分に至っては、逐語的解説に到底馴染まない。ひたすら、明治二四年の今日まで幾多の難局を切り抜け、この国を、名も汚さず、危険にもさらさずここまで保ってきたのは、お前らが薩長政府とか何とか批判するわが政府の力、功績ではないか、その政府が必要とする予算を削るとは不届き至極、という論理で押しまくっている。伊藤博文の忠実な股肱《ここう》で、憲法草案作成でも多大な貢献をした伊東巳代治《いとうみよじ》が、演説中の樺山の様子について伊藤に伝えた書翰（明治二四年一二月二四日付。『伊藤博文関係文書　二』）によると、議員たちからの要求により、中島信行《なかじまのぶゆき》衆院議長が「非常鈴」を鳴らして合図を送るも樺山は演説をやめず、やむなく中島が「海軍大臣々々々々」と呼て耳元に振鈴」し、ようやく樺山を自席にもどらせたという。樺山の異常な興奮ぶりがうかがえる。

演説の代償は高くついた。松方内閣はこれがきっかけで議会解散に踏み切ったのである。樺山演説から三日後、一二月二五日のことであった。

「蛮勇」の代償

欧米列強が、極東の島国に議会政治は運営できるかという好奇の視線を向けている中で、本来であれば避けたかった事態には違いなかったが、敢然《かんぜん》と打って出たのである。そもそも、第一回帝国議会で山県内閣が不本意ながら妥協に舵を切ったのは、アジアで初めて本格的に開かれた立憲議会の第一回目を、とにかく無事に終わらせて、アジア人に議会制度の運営が可能である事実を、欧米列強に発信する必要があったからである。しかし、二回目の議会はそうはならなかった。

原因は、もとより、軍備拡張の緊急性を考えればそうそう妥協ばかりしている訳にはいかないという事情が根本にあったのであろうし、威信の問題もある。詳細は省略するが、伊藤博文（当時は枢密院《すうみついん》議長）なども、この第二議会では解散もあり得るという覚悟はしていたようである。解散を受けての総選挙は、翌明治二五年二月一五日に投票が行われたが、選挙戦の過程で、品川弥二郎《しながわやじろう》大臣・白根専一《しらねせんいち》次官という内務省首脳部の主導で大選挙干渉が行われた。自由党総理・板垣退助のお膝元である高知県下では、警官隊と運動員との間で銃撃戦まで展開され、死者一〇人を出したといわれる。しかし、そこまでしても、民党勢力優位の衆議院の勢力分野を変えることはできなかった。

この失敗が祟り、選挙後の松方内閣は閣内対立に加え、閣外から影響力を及ぼそうとする伊藤博文・井上馨ら（彼らはそのような行動様式をとらえて「黒幕」と呼ばれた）とも関係を悪化させた。また、総選挙後の第三回帝国議会（五月六日開会、六月一四日閉会）で追加予算の軍艦建造費・製鋼所建設費はやはり削除の憂き目にあい、衆議院で「選挙干渉ニ関スル決議案」を通されるなど、深手を負った末に退陣を余儀なくされた。

粗にして野だが暴ではない

以上の経過を見た場合、樺山演説は、松方内閣がこのような末路をたどる発端となったことは間違いないし、今日に置き換えてみれば、シチュエーション的に全くもってとんでもない演説である。本会議中心の帝国議会と、委員会中心の今日の国会とでは違いが出るのかもしれないが、仮に今、大臣が予算削減に腹を立て、思い起こせば保守合同以来、一貫して日本を繁栄に導いてきたのはわが自民党政権ではないか、その政権が組んだ予算を野党が削減しようなどというのは怪《け》しからん、と国会で言い放てば、予算審議権の軽視だ、国会蔑視だと批判され、文句なく懲罰動議《ちょうばつどうぎ》もので、辞職は免れないだろう。しかし、藩閥政府内部で、樺山演説を暴挙とする声は出なかった。

伊東巳代治は、樺山演説の評価について伊藤に次のように報じている。「多少の瑕瑾《かきん》は可有之《これあるべき》なれとも大体上は予想外の上出来にて、敵味方とも満足を与候丈《だけ》に反動も甚敷《はなはだしき》」(前掲一二月二四日付書翰)。多少まずいところはあったが、全体としては予想外の上出来で、敵味方とも満足を与えただけに反動も大きかった、というのである。少なくとも、困った暴言とか失言といったとらえ方ではない。樺山とはほとんど交流がなく、あまり好意的とも思えない伊東の言だけに、かえって重みがある。付け加えると、この演説をし、解散を招いたことが樺山のキャリアの汚点になったか、政治生命に甚大な悪影響を与えたかといえば、必ずしもそうではない。彼は、この演説をしてから五年後、松方正義が二回目の組閣をした際には、首相に次ぐポストといってよい内務大臣に就任したし、その座を退いた翌年秋には、やや軽量級とはいえ文部大臣にもなっている(第二次山県有朋内閣)。首相までは行かなかったが、まずまずの政治家人生であったといえるであろう。

樺山演説が、藩閥内部において、なぜそのように受けとめられたのであろうか。

権力は歴史を負う

まず第一には、樺山の演説が政府の強い政策意志を代弁していたからであろう。朝鮮半島情勢の緊迫化に備えて、軍備を充実させておくことは、当時の日本にとって、何よりも優先されなければならない最重要課題であったからである。しかし、より根本的であったのは、樺山の演説が、藩閥政府の正当性を、まさに藩閥政府の代表として力強く主張するものであったからであろう。

先に触れたように、樺山の演説には、ここまでこの国を保ってきたのはわが政府の力によるものだ、という明確なメッセージが込められている。これは、そのまま藩閥政府の、存立基盤となる論理なのである。要するに、江戸幕府を倒し、明治新政府をつくり、憲法もつくり、近代化をとにかくここまで導いてきた、そういう、いわば founding fathers（建国の父）としての歴史的な権威こそ、政府の拠って立つ正当化の論理なのである。それを高らかに、自由党や改進党の議員たちに堂々と言い放った。だから、政府内部から樺山を非難する理由がないのである。樺山的論理を前面に押し出した以上、中途半端な妥協をすることは、政府の正当性を自己否定することにつながってしまうであろう。であるからこそ、樺山演説は暴言・失言の類に当たらないのである。

そもそも、戦前における議会での失言とか放言とかいわれるものは、タブーに触れてしまうからこそそうなる。この樺山の発言は、そうした観点から見ても失言の類ではない。帝国議会で失言・放言につながるタブーというのは、天皇の権威を毀損するか、もしくは共産主義を連想させるものであった。

このような事情であったから、藩閥政府の有力者であれば、誰でも大なり小なり樺山的心情を抱いていたはずである。現に尾崎行雄は、長州閥の代表的存在で、司法省に長く卿・大臣として君臨した山田顕義《やまだあきよし》から「吾々《われわれ》は命を賭して徳川幕府を倒し、明治政府を立てたのである、政府を取るなら命掛けで来い、吾々も命掛けでやつたのだから君達も命掛けで来い」という、挑戦的なことばを浴びせられている（「田川大吉郎《たがわだいきちろう》談話速記」、第四回談話〔昭和一六年一二月二日〕。田川は尾崎と行動を共にした政治家・ジャーナリスト）。山田のこれは、論理構造としては樺山演説と全く同じで、ただ山田の場合は専ら創業に、樺山はどちらかといえば守成に力点が置かれているだけの違いに過ぎない。

浮き彫りにされた窮状

ただ、樺山がそのように、最も根本的な藩閥政府の正当性を持ち出さざるを得なかったということは、見方を変えれば、当時の藩閥政府がそれだけ追い詰められていたという状況を、象徴的に示していた。この国がここまで保ったのはわれわれ政府のおかげではないか、というのは、例えていえば、親子喧嘩で親が子供に向かって、大きくなれたのは誰のおかげか、生意気な口を叩くな、と怒鳴りつけるようなもので、もはや繰り出す理屈が他に無くなってしまったことを意味していたのである。

付言すると、藩閥がこのように歴史を背負っていることを権力の源泉としていたと考えれば、そのことは、同時に自由党における板垣退助・後藤象二郎《ごとうしょうじろう》、はたまた改進党における大隈重信《おおくましげのぶ》が、長く政党リーダーの地位を占めた要因の一つともいえるのではなかろうか。板垣は、資金調達能力などは非常に低かった。にもかかわらず、党のトップに立ち続けられたのは、結局、彼らの維新の元勲《げんくん》としての名声というものに還元されてしまうのかもしれないが、政党の立場でいえば、我が方も板垣・後藤、大隈を戴《いただ》いており、藩閥政府と歴史を共有している以上、当然、政府の施策に異議申し立てをする権利はあるのだ、それを無視してよいのか、という、批判の論理を彼らが体現していたからでもあるだろう。

双方の弱み

さて、先に述べたように、松方内閣はもはや理屈は無意味とばかりに解散を断行し、大選挙干渉という非常手段に訴えたものの奏功しなかった。なぜうまくいかなかったかといえば、第一に、逆説的であるが、制限選挙だったからである。選挙権を持つことは、名望家であること、村落共同体その他で指導的な立場にあること（選挙権を持つ人々は、概ね江戸時代の名主・庄屋もしくはそれに準ずる位置を占めていた人々、地主・豪農層であった）のシンボルだった。したがって選挙権の行使は名誉であり、権力の干渉如きで虞《おそれ》をなすのは恥であった。当時は、現在のような無記名投票ではなく、投票する有権者は投票用紙に署名・捺印した上で投票する。だから、有権者数が少なかったこととも相まって、誰が誰に投票したかが、比較的簡単にわかってしまう制度であることは暗黙の了解で（自分で自分に投票する、いわゆる自選投票は非常に恥ずべき行為とされていた）、選挙干渉はやりやすかった。それでも干渉の効果が挙がらなかったのは、有権者のプライドの賜《たまもの》だったという面は確かにあった。

第二には、これも少々今日の感覚では捉えがたいのであるが、政党の組織が著しく未成熟な段階であり、政府がいくら打撃を与えようとしても効果的に対象を絞りにくかったということがある。いわば、暖簾《のれん》に腕押し状態であったためである。「集会及《および》政社法」という法律が当時あり、その法律の定めるところでは、政党は地方支部を設けることが禁止されていた。党本部が候補者を自分の党の候補者として公認し、公認料という名目の資金援助をするなどという、今日なら当たり前の仕組みも、政党の資金難もあってほぼ機能していなかった。だから、自由党とか改進党とかいっても、極端にいえば東京の本部はあるが地方の拠点はなく、本部の他は各府県から、自腹を切り、あるいは近隣の同志からのカンパで選挙資金を賄《まかな》い、当選してくる代議士がいるだけであった。党組織がそのように明確な形を持たなかったため、各府県から当選してくる代議士の誰がどの党の所属でどのような政治的傾向を持つ人物なのかも、実はそうはっきりしたものではなかった。選挙干渉で自由党や改進党の候補者を落選させ、政府に好意的な候補を当選させたつもりだったのに、当選させた代議士は、議会に出るや早速反政府的な行動をとることが珍しくなくあった。それでは干渉のしがいがないのであった。

一方、政党にとっても、解散されるのは打撃である。本部から地方の候補者に支援しようと思っても、公認料は無理としてせめて応援弁士なり運動員の派遣ぐらいは、と考えたところで、やはり資金その他の問題により思うに任せない。また、政党組織につかみどころがないのは、政府の取締に肩すかしを食わせるにはよいが、反面、政党として広く影響力を及ぼし、一致した力を発揮することもやりにくい。選挙過程に関われないことは、当選してくる代議士たちと本部との関係が薄く、代議士の統率が困難であることを意味していたからである。

一致していた本音

それに加え、もっと根本的なこととして、たとえ選挙に勝ったとしても、新しく開催される議会での運動方針に困るのであった。というのは、政府が推進しようとする軍備拡張に対する反対も、実は本音ではやりにくいのである。

日本の環境を考えれば、現実に清との緊張がある以上、軍拡そのものに反対する理由はない。当時の観念では、国際社会とは要するに弱肉強食の競争社会で、そこで生き残るために強い軍隊を持ち、その軍隊を養うだけの経済力と、その裏づけとなる産業、そして植民地を持つことは完全にプラス・イメージであった。だから、議事録を読むと、自由党の代議士も改進党の代議士も、軍拡そのものに正面から反対していない。その両党が軍拡予算を削ろうとする時も、藩閥政府は乱脈で、無駄なポストや経費を抱え込んでいるので信用できない、そのような政府が推進しようとする軍備拡張は非効率であるに違いなく、簡単に認めるわけにはいかないという理屈をつかっている。裏を返せば、政府が行政整理に取り組み、成果を出せば反対する理由はなくなるということでもある。

また、予算を削ってその分を減税に回そうとしても、減税実現には地租条例などを改正しなければならないが、当時の議院法（現在の国会法にあたる）の規定では、予算案はじめ政府提出議案が日程的に優先されている上に、貴族院の存在が大きく、憲法で三ヶ月という短期間に制限されている帝国議会の会期では、地租条例改正実現は難しかった。

このように見てくると、一見、尖鋭な対立をしているような両者の距離は意外に近かった。両方とも完全に手の内をさらけ出し、互いの限界を見せてしまったことで、それは明らかになったのである。そうした効果は、確かに樺山の演説によってもたらされたのであった。政府の方は、予算を毎年拡大させなければいけない状況下で予算案を否決されてしまえば、憲法の枠内では打てる手が無く、頼れるのは、日本をここまでしたのはわが政府、お前等がしきりに批判する当の政府ではないか、という論理だけで、政党側も、軍備拡張そのものには反対できないし、予算を削ってもそれを減税に結びつけるのは簡単ではないという弱点を露呈した。そこに、接近し、協調する気運の生まれる土壌があった。

飛び越えるべき面子

ただ、だから妥協・提携へ一直線というわけにはいかないのが政治の論理なのであった。政策的に双方さほど違うことを考えているわけではない、歩み寄るほか道はない、というだけでは動かないのが政治というものなのであって、端的にいえば、真っ向から争った相手とはそう簡単に手打ち、提携ということにはならない。政治とは、面子が物言う世界なのである。双方の顔が立つきっかけ、タイミングというものが来ないと、そう簡単に政局は動かない。

解散を受けて開催された第三回臨時議会でも松方内閣と自由党・改進党とは激しい対立を展開した。このような膠着状態を越えて何ものかが動くには、何らかの局面の転換が必要になる。それは具体的には何か。一番は、何といっても政権担当者が代わることである。藩閥側も動きやすくなり、政党側も政権が変わったことを理由にすれば妥協しやすい。政党、特にその中で多数を占め、それだけに妥協の果実を多く手に入れられるであろう自由党は、より強く転換を模索していた。自由党幹部の一人、河野広中《こうのひろなか》の動静について、伊藤博文の女婿であった末松謙澄《すえまつけんちょう》は、伊藤に次のように伝えている。

〔前略〕昨日河野広中が隣家なる自由党事務所に来り居り候故一寸《ちよつと》拙宅へ来るやう申送り、即来り候付被〔ママ〕等の内情探索致候処、皆々大分苦心の様子にて重立たるものは末社の鎮撫《ちんぶ》に尽力致居候よし、板垣も星も温和の方のよし、河野は無論穏なる方のよし、過日反対派より辞職勧告の動議を出さんとせしと云ふは全く誤報のよし（是は他人よりも聞候実説と存候）。さて何ぞ名案なきやとこれを求むる気味十分に候。議会の面目も少しは立度念願のよし、是は彼等の位地より云へば尤《もつとも》なる事に候。政変事件承諾の事彼党人甚だ困難のよし、是に痛心致居候。乍併《しかしながら》松方一人にて宜し、辞職と申す事になれば又如何にともなるべし、右行はるれば此際は困難を凌ぎ得るとの事に候。併し政府の方にては中々か様の事行はれ候様子も無御坐候。広野〔河カ〕申すに彼等の連中にては薩人は甚だ嫌のよし（板垣は此処少過せば井上なりとも出てもらいたらばとの事を申たるよし、是は竹内他人より聞申候。河野口気も何とかして長人の方の出るを板垣其他望み居ると云ふ如き口気に候。軽々信ずべからず候得共大体の気向は如此もの歟とも被存候）。

〔以下略〕（明治二五年五月二〇日付書翰〈一部書き改めた〉。『伊藤博文関係文書　五』）

当時の書翰特有の文体で、また用語も硬い上に特殊なので文意をとり難いが、傍線部分にご注目いただけば、何となくではあっても、末松が伊藤に伝えた河野談話の大意は伝わるのではないかと思う。局面の転換として最もわかりやすく、歓迎されるべききっかけは首相の交代、端的には薩摩の松方に代わって長州系政権が出現することであったらしいことがわかる。政権の座を降りてから約五年が経過しようとしている初代首相・伊藤博文の再登板も視野に入っていただろう。末松にこのようなことを話せば、伊藤の耳に入ることも河野は計算していたはずである（そもそも、引用部分の冒頭の一文から知れるとおり、自由党事務所が末松邸の隣というのも、なかなか凄い話ではある）。

実際、伊藤はこの三ヶ月後に組閣し、松方内閣時代の選挙干渉に手を染めた県令《けんれい》を大幅に異動させるなど、方針転換を明確にして自由党の面子を立てやすい環境を整えた上で、条約改正の一部実現から日清戦争勝利に至る過程で、自由党との提携に踏み切る。樺山演説は、結果的にはこの過程を促進したことになるであろう。その点では、本人のその時の意図からは想像もできない効果であった。

明治天皇の日清戦争

其の儀に及ばず、今回の戦争は朕素《もと》より不本意なり、閣臣等戦争の已《や》むべからざるを奏するに依り、之を許したるのみ、之れを神宮及び先帝陵に奉告するは朕甚だ苦しむ。

（『明治天皇紀　第八巻』。明治二七年八月）

〔訳〕そのことには及ばない、今回の戦争は私の本意とするところではない、臣下の者が、戦争を起こすのもやむを得ないというから許しただけだ、それを伊勢神宮や父である先帝・孝明《こうめい》天皇の御陵に報告し、勝利を祈念するのは非常に気の進まないことである。

日本近代において、社稷《しゃしょく》の臣の重責を担う者が、よりによって天皇の不興を買ってしまう例がいくつか知られている。

非常に有名なのは、昭和に入ってからの田中義一《たなかぎいち》首相で、昭和三（一九二八）年におこった「満州某重大事件」——張作霖《ちょうさくりん》爆殺事件の処理問題で前言を翻したために天皇の信頼を失い、内閣総辞職に追い込まれている。

その他で筆者が個人的に印象深いのは、太平洋戦争開戦直前の昭和一六年九月五日の天皇と杉山元《すぎやまはじめ》参謀総長との間の一件である。日米もし戦はばどの程度の期間で決着がつくか下問された杉山は、南洋方面だけは三ヶ月と答えたのだが、それに満足しない天皇に、日中戦争勃発当時、陸軍大臣だったお前は一ヶ月で片がつくといったが、四年たった今でも片づかないではないか、と追及されて、中国は奥地が開けており、なかなか予定どおりには……などと下手な言い訳をしたために、天皇から、中国の奥地が広いというなら太平洋はもっと広いではないか、と問い詰められて答弁に窮してしまう。陸軍の作戦面の最高責任者の醜態を見せつけられた大元帥陛下の心中は、察するに余りあるものがある。

図3　明治天皇（宮内庁所蔵）

同様の例を明治期に見出そうとすると、ここに掲げた明治天皇の、日清戦争勃発時に土《ひじ》方《かた》宮内大臣に向かって発した言葉ということになるが、田中や杉山の例とはシチュエーションを異にする。宮内大臣が、立憲君主制国家・日本の君主として、開戦に際しての務めを果たしていただきたい、と求めたのに対し、天皇は、自らの意志と責任によるのではなく、臣下がやむを得ないというから認めただけの戦争だ、それなのに務めを果たせというのか、反論したのである。

明治天皇の発言は相当に激しいが、もとより一般にいう暴言・失言の類とは違う。君主だからということもあるが、立憲政治開始からわずか五年後に大国・清との戦争に打って出る、という当時の状況を考えれば、心情的にも論理的にも充分理解できるからである。

天皇の憂鬱、宮内大臣の困惑

当時の宮内大臣とは土方久元《ひさもと》という人物である。土佐藩上士《じょうし》の家に生まれ、武市瑞山《たけちずいざん》の土佐勤王党に参加、諸藩の志士と交流する中で三条実美の知遇を得、例の七卿落ちでは三条に同行して長州に赴いている。三条との縁が深かったことは、明治新政府成立後に宮中方面の職に多く就いていく伏線になったのかもしれない。明治一一（一八七八）年には新設の侍補《じほ》という、君徳輔導《ほどう》職に任ぜられているし、何といっても明治二〇年九月から同三一年二月まで、一〇年五ヶ月にわたる宮内大臣在任が特筆される。彼の後任の田中光顕《たなかみつあき》の一一年四ヶ月には及ばなかったが、宮内大臣としては歴代第二位の長さである。そうなったのは、単に三条との関係だけで説明できるものではないだろう。明治初年には、大内史《だいないし》という、今でいえば内閣官房の文書管理、事務方の統轄的な役も務めている。緻密で手堅い仕事ぶりが買われたのであろうし、その点も加味しての宮内大臣職だったのだろう。その土方が、どうして本章に掲げた言葉を天皇から浴びせられてしまったのか。

直面した大戦争

状況を説明すると、明治二七（一八九四）年八月某日、清との戦争に乗り出す際、土方から、清との開戦を、天照大神を祀った伊勢神宮と、先帝、つまり明治天皇の父で先代の天皇である孝明天皇の陵墓（京都市東山区の泉涌寺《せんにゅうじ》内）に奉告するのに適任の然るべき使者を選んで欲しいという要請を受けたのに対し、明治天皇が渋って、土方を困惑させたのが冒頭の台詞である。

図4　土方久元

明治天皇が、国運を賭して清との間に戦端を開くことをご先祖様に報告し、勝利を祈ることをしたくないということなので、土方は非常に驚いて、すでに国民に向けての清との戦争に入る旨の詔勅《しょうちょく》を裁可されているではありませんか、それを今になってそのようにおっしゃるのは、何か考え違いをなさっているのではないですか、と諫めた。確かに、八月一日、相当長文の詔勅が下されている。朝鮮は独立国であるのに清は常に朝鮮を属国とみなし、内政干渉を行ってきており、今回も朝鮮の内乱に乗じて出兵してきた、私は兵を出して万一の変にそなえる一方、清に対し共同で朝鮮の内政改革をしようと申し入れたにもかかわらず、清は応じない、朝鮮の独立国としての立場を尊重し、政治の悪いところを改革することをおだやかに勧め、朝鮮政府はこれを受け容れたのに、清が力に物をいわせて応じないのでやむなく戦争に踏み切ったのだ、という、まさに日本の立場を明らかにしつつ開戦の正当性を訴えたものであった。それを認めておられるのに、なぜ伊勢神宮と孝明天皇陵への奉告はお認めにならないのか、と土方は訴えたのである。

しかし、この言葉は天皇のさらなる不興を買ってしまい、「再び謂《い》ふなかれ、朕復《ま》た汝を見るを欲せず」――黙れ、お前の顔など二度と見たくない、という叱責を浴びることになる。もっとも、天皇は数日後、少々感情に走りすぎたことを反省したものか、土方に謝罪しているが。しかし、天皇が日清戦争を始めるにあたり、前向きでなかったのは事実であった。土方の持ち出した開戦の詔勅も、御前会議も開催しないまま、閣議決定だけで決めた宣戦詔書案の裁可を求められたものだったのである。

この土方との一件の後も天皇の不機嫌は直らず、宮中で行われた奉告祭《ほうこくさい》（賢所《かしこどころ》〈天照大神を祀る〉・皇霊殿〈歴代天皇と皇族を祀る〉・神殿〈天神地祇を祀る〉の、いわゆる宮中三殿に開戦を奉告し、勝利を祈る祭事）に、天皇は欠席して、儀式方面を掌る式部長・鍋島直大《なべしまなおひろ》に代拝させている。それも、おそらくは不快感の表明であろう。そして、その不快感は、単に清との戦争だからということではなく、そこに至るまでの天皇の歩みが凝縮されているように思えるのである。

「動き出す」天皇

昭和天皇の軌跡を、「焦土に立つ天皇」というキーワードで読み解こうとしたのは加藤陽子《かとうようこ》であった（『昭和天皇と昭和の戦争』）。今上天皇まで一二六代を重ねた歴代の天皇それぞれに、同様のキーワードが成立するのかもしれないが、明治天皇の場合は、はなはだ芸の無い「動き出す」という修飾語をあてざるを得ない。筆者のセンスの貧困に対する批判は甘んじて受けるが、しかし、明治天皇と前代までの天皇との差異に着目すると、こう表現するしかないようにも思う。

明治天皇ほど国家の激動に直面した天皇は、近世以降なら他に昭和天皇ぐらいしか思い浮かばない。ただ、昭和天皇の場合は明治憲法体制というものが確立していて、その中での天皇はこのように振る舞うことが期待されるという、規範が存在していたが、体制の変革期・形成期に在位した明治天皇の場合は、まだ固まっていなかった。即位と同時に時代の変わり目に直面してしまっただけでなく、半世紀より少し短いだけという長い在位期間に、日本という国家はそれ以前とは比較にならないほどの急激な変貌を遂げていった。そして、明治天皇も、そのペースと内容に応じた、実にさまざまな役割を負い、種々の経験をした。それは、昭和天皇にはなかったものであった。

昭和天皇との比較を違った角度から見れば、次のような見方も可能である。明治天皇は日清・日露の両戦争の勝利の中に身を置き、明治国家の栄光を担う存在であった。昭和天皇は、敗戦という厳しい現実に直面しなければならなかった。どちらかといえば昭和天皇の苦悩の方が深かったはずだ、というような。ただし、明治天皇は、昭和天皇が経験しなかった内乱に遭遇している。戊辰戦争、その総決算として西南戦争。西南戦争の際には、天皇は京都・大阪に長期にわたって滞在し、空間的に離れているとはいえ西郷軍と相対し、政府軍を後援するような立場に身を置いている。そうした苦労も味わっているのである。

京都から東京へ

さて、最初に天皇を「動く」君主たらねばならぬと考えたのは幕末、鳥羽・伏見の戦いの直後、参与《さんよ》の職にあった大久保利通である。彼は、明治新政府のトップである総裁・有栖川宮熾仁《ありすがわのみやたるひと》親王に大阪遷都論を建言している。

大久保の主張には、地形上、外国との交際や富国強兵に有利といった理由と並んで、従来天皇を束縛してきた因習を絶つ必要が打ち出されており、主眼はむしろその方にあったと考えられている。なぜなら、大阪の地理的な利点についてはごくわずかしか筆が費やされていないからである。これからの天皇は雲の上、奥の院の存在であってはならず、西欧の君主のように国民に近い存在でなければならない、そのためには大阪に都を遷《うつ》すことが必要であるという強い意図を込めた部分の方がずっと長い。京都の宮中で天皇を取り巻いている公家や女官といった、古い朝廷を代表する勢力から天皇を引き離さなければならない、そのためには京都から離れるという荒療治が欠かせないというのが大久保の本音なのであった。この時点で、江戸にはまだ幕府が存在していたから、移る先としてはまず大阪が最有力候補であった。大阪遷都は、幕末の尊王攘夷論の運動家・真木和泉《まきいずみ》からも似た構想が示されており、発想も大久保のそれと大差は無い。

大久保の大阪遷都論はそれ自体受け容れられることはなかったが、とりあえず大久保の建言から二ヶ月後に大阪行幸が実現している。一ヶ月半もの期間、天皇は大阪に滞在した。大久保の遷都論に反対した勢力との妥協の産物で、大した距離ではないとはいえ、明治天皇初の行幸らしい行幸であったし、そもそも、天皇が京都以外の土地へ移動するということは慶安四（一六五一）年以来、二〇〇年以上も行われていなかった。幕府によって禁止されていたともいわれ、また、財政状態が足かせになっていたということもあったらしい。

大阪行幸は、天皇と京都との結びつきを相対化するというべきか、たとえ短期間とはいえ京都との結びつきを離してみせる点では小さくないイベントであった。それを経て、大久保の発想は違うかたちで結実する。いうまでもなく、東京への事実上の遷都であった。明治二（一八六九）年、天皇は東京に移り、太政官も移動する。以後、「天皇親政」「万機《ばんき》親裁《しんさい》」が強調され、たとえば明治四年の廃藩置県などという大変革は詔のかたちで発表され、実行されていった。明治八年には、立憲政体漸次《ぜんじ》樹立の詔を発し、これから漸進的に立憲政治へと向かっていくのだ、という国家としての意志を表明している。

多彩な役割

西南戦争が終わったあたりから、天皇は実にさまざまな役割を負っていくようになる。まず、外国からの賓客に対しては当然ながら元首、つまり国家の代表である。明治一二（一八七九）年には、来日したアメリカ前大統領グラントと会見している。その際、グラントから、議会制度のメリットや、日本もいずれ議会を開かなければならないのであるから、人民に将来の議会開設を告知し、議会開設後には人民に責任が生ずることを教育しておく必要性を助言されている。

第二に重要なのは、日本が幕藩制国家から天皇を頂点とする近代国家に生まれ変わったことを国民に知らしめる象徴的役割である。具体的に何を通じてかといえば、明治初年以来、全国各地に行幸して国民に日本の君主として存在を印象づけることであった。明治五年から一八年までの間に、天皇は六回の行幸に出ている。天皇自身に日本の実状、国民の生活について見聞を広め、認識を豊かにしてもらう狙いは当然あったろうが、同時に、視覚を通して、国民に天皇を軸とした近代国家誕生を強く意識させることも意図されていたであろう。このイメージ戦略は、相応の成功を収めたと思われる。

それと似た役割として天皇は西洋化、文明開化の導き役、模範も担った。

明治五年五月下旬から四九日間にわたる大阪・中国地方行幸の時、天皇は燕尾型の洋服を着ている。その出発直前の四月には、燕尾服姿の写真撮影も行われている。当時欧米各国を回っていた岩倉《いわくら》使節団が、訪問先で元首たちが写真の交換をする慣習を知り、自分たちも明治天皇の写真を各国元首に渡す必要に迫られたからであった。翌明治六年には髷を切っている。この頃から宮中から出る時には洋装が常となっていった。また明治四年、天皇は初めて洋食を口にした。場所は浜離宮の中の外国人接遇施設である延遼館《えんりょうかん》で初めて大臣や参議たちと西洋料理を食べている。やがて日常的に昼食は洋食になっていったらしい。明治六年九月に天皇は初めて宮中で外国からの賓客と西洋料理の昼食をともにした。相手はイタリア国王の甥、トンマーゾ・アルベルト・ヴィットーリオであった。以後、外国からの賓客を迎えての宮中宴会にはフランス料理が用いられるようになった。このような生活様式をとるようになることが理想の西洋化、近代化なのだ、ということを自ら示す役割を果たしたのである。だが、天皇自身は、衣服にしろ食事にしろ西洋風を積極的に好んだわけではなく、西洋式を実践するのはあくまで自分の仕事と割り切っていたと考えられる。

意志を持つ天皇

しかし、明治新政府誕生の時は一〇代後半であった天皇も、時間の経過につれて当然経験を積み、自我も芽生えてくる。「天皇親政」「万機親裁」を謳っていても、実際には自らの意志で決めているわけではなく、江戸から明治への激動の中で相応の苦労も味わっている自分の実際の役割が、外国からの賓客の接待役、あるいは近代国家・日本のシンボル役であることに何かしら割り切れない思いを抱くのも自然な展開であった。また、明治新政府も順調な時がむしろ少ないくらいであったから、天皇と政府首脳部との関係も揺れ動いたし、危機の際には、天皇の役割を外国からの賓客の応接やシンボルだけに限定してよいものかという議論が出てくるのも当然であった。

明治一一年に、政府の中の天皇の存在と役割という問題に一つの転機が訪れる。征韓派の残党による大久保利通の暗殺である。前年に西南戦争が勃発したが、それが西郷隆盛とその一党の壊滅という結末となり、政府としては懸案《けんあん》がかたづいたと、安堵していた矢先の大事件であった。大久保利通という、精力的で強靱な意志を持つリーダーを失ったことだけなく、士族反乱がまだ潜在的には終わっていないという現実が、残された政府首脳部に突きつけられたのである。

その不安からか、政府内では天皇の権威を前面に押し出そうという動きが生まれる。士族反乱にしろ自由民権運動にしろ、原因となる政府への不満の中で大きな比重を占めているのは、政府の決定が大久保以下少数の首脳部の独断に近いかたちで決められているのではないかというものであった。「万機親裁」を装っているが、実際にはそうではないのではないかという疑いであり、批判である。それを防止すべく、天皇が政策決定に深く関わっているという証が必要だとする考え方が出てきたのである。実は大久保も、それを具体化しようと動きはじめた矢先に暗殺されてしまったという経緯もあった。

ただ、天皇の権威を借りるのはよいとして、その方法については考え方の相違があった。伊藤博文・大隈重信といった、大久保の死後政府の中心となるであろう人々は、天皇はあくまで政策決定とその実行に権威を与える存在だと考えていた。その枠を踏み出してはならないとしたのである。伊藤らが考慮に値すると考え、また実現したのは、最終的に政策を決めている、大臣・参議たちと天皇の間の距離を縮めることであった。それは、大臣・参議らが非常に重要な問題を協議する際には、必ず天皇の臨席を仰ぐことというような取り決めがなされたことに表れた。それで天皇自身は政治に関わる実感と情報が得られ、大臣・参議たちは、自分らの協議内容を天皇に承知してもらっているという権威と安心を得る。伊藤らが受け容れられるのはそこまでで、天皇が能動的な君主になることは好ましくないと考えていた。

ところが、そうは考えない人々がいたのである。それは侍補と呼ばれる、天皇の政治的・道徳的教育係であった。まだ西南戦争継続中の明治一〇年八月に設けられた役職である。大久保利通が亡くなり、政府が動揺している今こそ、天皇に主導性を発揮してもらい、名目だけでなく実質的にも天皇親政を実現すべきだと、侍補たちは主張した。

天皇親政運動

侍補の中心になったのは元田永孚《もとだながざね》であった。元田は熊本出身の儒学者で、約一〇年後に同じ熊本の出身である井上毅と共同で教育勅語を作成することになる人物である。儒学者であるから、元々賢明な君主が国を治める形を理想と考える傾向があったが、彼を中心とする侍補たちは、天皇を大臣・参議たちの協議の場に臨席させるなどという形式的なことにとどまらず、天皇にもっと能動的な君主になってもらいたい、そのような方向へ天皇を導くために、大臣・参議の協議の場に天皇とともに自分ら侍補も出席させよ、というのっぴきならない要求を出してきた。

天皇の教育係を政治の現場に出させ、協議に加えるというのは、伊藤らには到底受け容れられるものではなかったし、実際に受け容れなかった。しかし、天皇はとかく侍補たちに同調する傾向を示しがちであった。たとえば、大久保の死を受けて、政府首脳部を強化すべきであるという観点から、外遊から帰国したばかりの井上馨を参議に登用しようという話が持ちあがった時、侍補たちがそれに強く反対した。井上はとかく金銭面で芳《かんば》しくない噂を立てられていたということがあり、また、伊藤博文と親しく知識と経験に富む井上が政府に加わると、天皇親政実現の妨げにもなるからであった。その時には、天皇もまた侍補たちと同意見であった。伊藤らと侍補たちの間で暗闘が繰り広げられたが、結局伊藤らの言い分が通ったかたちで決着し、井上の政府入りは実現したし、大久保暗殺の翌年、明治一二年の一〇月に侍補は廃止された。このことは、小さくない意味を持った。後の大日本帝国憲法における天皇像——天皇はあくまで政治体制を権威付ける存在であり、権力の主体として自らが政治的責任を負うことはない、という方向性が、伊藤らの勝利により見えてきたことになるからである。

もちろん、既にみたように元々「君臨すれども統治せず」的な立憲君主制的体制を敷こうという合意は明治初年から存在したことは事実であるが、その方向が明確になったのは、明治一〇年代初頭のこの時期である。

高校日本史教科書レベルの知識であるが、大日本帝国憲法の第一章は「天皇」であり、幅広く「天皇大権」を定めている。天皇が何でも行うように書いてある。しかし、第三条には「天皇ハ神聖ニシテ侵スヘカラス」とある。神聖にして冒すべからざる存在なのであるから、政治的失点を負うようなことがあってはならない。そのような立場に置かないためには、いかなる責任も負わせてはならない。だから、天皇は自ら決断したり指示したりする主体にはならない。憲法の条文は、一見天皇はオールマイティで何でもやれるように解釈できるのであるけれども、実際には違うということである。たとえば憲法第一一条に「天皇ハ陸海軍ヲ統帥《とうすい》ス」とあるが、もちろん天皇は自ら陸海軍を率いて戦場に赴くことはないし、作戦面に積極的に関わったりしない。それは陸軍参謀本部や海軍軍令部が担当する。失敗した時の責任もそこでとるのである。

議会開設と天皇

政治上重大なものに関わらないことは憲法発布後も相変わらずである一方で、帝国議会が開設された関係で、かつての外国からの賓客の接遇や近代化のシンボルに加えて、もう一つ天皇の役割が加わった。それは、政治対立の仲裁役である。

明治二五年暮れに開幕した第四回帝国議会で、第二次伊藤内閣が、多少譲歩したものの依然として富国強兵路線を崩さなかったため、減税を求める自由党・改進党との予算問題での対立が展開されたが、伊藤首相は天皇に詔勅を出していただくか、衆議院解散かのいずれかの手段がよいか、天皇の裁断を求め、その結果、天皇は詔勅を出した。「和衷協同《わちゆうきようどう》の詔勅」という通称で呼ばれている詔勅である。この詔勅の中で天皇は内閣と議会との関係が円満にいくことを希望し、また議会が国防の重さを理解し、内閣が行政費の節減に努めるよう勧告し、さらに、内廷費を今後六年間にわたって毎年三〇万円ずつ軍艦建造費にまわすことを宣言している。皇室も軍備拡張のために身を切るつもりだ、と表明したのである。ここまでされたからには、議会と内閣との対立は当然おさまらざるを得ない。議会は予算を認め、政府は行政整理に努め、官僚は俸給を一割政府に寄附して軍艦建造にあてるという形で決着がついた。付け加えると、これだけ天皇の手を煩わせたことで伊藤は一応進退伺いのようなものを出している。

　このように政治的責任を負わない原則のもとで、限定された役割に徹することを、壮年にさしかかっていた天皇が完全に納得していたとは思われない。少なくとも、重要な政治上の問題から遠ざけられることにはずっと不満を蓄積していた。明治一五年頃から井上馨外務卿が進めていた条約改正交渉については、井上がその途中経過について何も情報を自分に上げないことに天皇は不快感を隠さなかった。井上の次の条約改正交渉担当者・大隈重信外相も井上と同じ態度だったので、やはり天皇は不満と不信感を抱き、かつての侍補であった元田永孚（当時は枢密顧問官）を大隈の下に遣わして問いただしている。

　伊藤博文が第二次内閣を率いるようになり、陸奥《むつ》宗光《むねみつ》外相のもとで条約改正交渉に乗り出した時には、そのような態度を避け、閣議の内容をできるだけ天皇に上げるよう努めた。しかし、組閣にあたって伊藤は、基本的には首相である自分に全て任せてもらいたいと天皇に釘を刺していた。そうでありながら、議会対策に困れば詔勅を出してくれと頼んでくる。天皇は伊藤を信頼していたが、自分に任せて欲しいといいながら勝手な奴だ、ぐらいは考えていたかもしれない。

日清戦争と天皇

そのようなありかたに不満を元々持っていたところへ、明治二七年に至り、突然清との戦争という、あまりにも重すぎる事態が降って湧いたのである。

日清戦争が起こった原因については、当時の政権——第二次伊藤内閣が政治的に追い詰められていたことが大きい。

先に述べた、天皇が詔勅を出して仲裁役を演じた第四回帝国議会を経て、伊藤内閣は自由党と提携することに成功した。自由党の支持を得て、伊藤内閣は陸奥宗光外相の主導で条約改正を達成するつもりであった。ところが、自由党が政府と提携してしまい、おいてけぼりをくった改進党が、他の党派と結んで、陸奥外相の条約改正に強く反対する姿勢を見せはじめた。これに手を焼いた伊藤内閣は解散を二度断行し、日清戦争の起こった年には総選挙が二回あった。

それだけ追い詰められていた内閣は、朝鮮半島で甲午《こうご》農民戦争と呼ばれる農民反乱が起き、日本と清がともに鎮圧のため出兵する事態となったのを機に、農民反乱そのものは鎮圧され、清国側は日清両軍の引き上げを望んだにもかかわらず撤兵しなかった。清国に対し、共同で朝鮮の内政改革をやらないかと持ちかけ、清国が拒否したのを幸い、強引に開戦へと持っていったのである（今日の研究では、日本政府も最初から何しろ戦争を、という一点張りであったわけではなく、清と共同での朝鮮の内政改革をやるつもりもそれなりにあったのではないか、という方向性も出てきているが）。いわば、政権の都合で始めた戦争であった。

そうであれば、天皇が、この戦争は自分にとって本意ではない、内閣が戦争やむなしといってきたから許したまでのことだ、伊勢神宮や孝明天皇陵への奉告などやっていられるか、とつむじを曲げたのも無理はなかった。そこに至るまでの四半世紀分の憤懣《ふんまん》も込めて、自分はそんな戦争は知らん、協力せんぞ、と口走ったのである。冒頭の台詞は、決して軽はずみな衝動ではなく、重いものだったのである。

勝利のもたらしたもの

ところが、土方宮内大臣への不満表明から一ヶ月半後、九月中旬に日清戦争が天皇の態度を劇的に変える展開を見せる。その時、天皇は広島に赴いていた。

東京から西へ向かう鉄道の終点が当時は広島であったが、その広島に大本営が置かれていた。日清戦争の時の大本営は、まだ戦争が始まっていない段階、日本が朝鮮半島に出兵することを決めた六月の段階で東京に設置されたのだが、九月に広島に移されたのである

（比較対象の意味で日露戦争の場合に触れておくと、宣戦布告が明治三七年の二月一〇日で、大本営設置は翌一一日である。日露戦争の場合も、実質的な戦闘は宣戦布告数日前に始まってはいたが、それにしても日清戦争の時はいかに日本政府が前のめりだったかがわかる）。天皇が広島に赴いたのはそのためであった。遠征軍と少しでも近い方がということもあり、そもそも呉には軍港があった。付け加えると、戦争にともなう臨時の支出や戦争関連法案を審議する第七回臨時議会は、広島市内に急遽建設された臨時仮議事堂で一〇月一八日から一週間の会期で開かれている。その臨時議会では当然とはいえ、衆議院も貴族院も、予算の臨時支出も戦争関連法案も満場一致状態で可決されている。

その広島に天皇が着いた翌日、九月一六日に前線からある知らせがくる。陸軍部隊が、清国軍と最初の本格的な戦闘の末、平壌を占領することに成功したのである。同日の『明治天皇紀』にはこうある。「午後午後一時五十二分大本営会議に臨御、勅語を第五師団長野津道貫《のづみちつら》に賜ひて、平壌占領の功を賞したまふ、勅語に曰く、朕本営ヲ進ムルノ初ニ当リ我軍大ニ平壌ニ捷《か》ツノ報ニ接シ深ク忠良勇武ナル将校下士卒ノ勤労ヲ察シ速ニ特偉ノ功績ヲ奏セシヲ嘉ス」。平壌攻略戦で手柄を立てた野津道貫を称えるとともに、攻略軍の成功を祝した。続いて、侍従を地元の広島招魂社（現在の広島護国神社。広島市中区）と饒津《にぎつ》神社（広島市東区）に遣わしている。勝利への感謝を表するとともに、今後の武運長久を祈らせたのだろう。開戦時の明治天皇の態度、伊勢神宮や孝明天皇陵への奉告にも乗り気ではなかった態度からすると劇的な変わりようだが、それぐらい平壌の陥落というのは大きな戦果で、天皇をしてこれなら勝利も、という思いを抱かせるのに充分なものではあったのである。

精励する天皇

それ以降、天皇は天皇としての職務に精励する。軍服を常に着用するようになり、その習慣は戦後も暫く継続した。師団司令部の二階を御座所とし、食事は執務テーブルでとり、夜になるとそこにベッドを入れ、執務と生活とを一室で済ます、質素にして公務優先の生活態度を貫き、増築を勧められても許さなかった。付け加えると、皇后が広島に来たのは、戦争の終局が見えた明治二八年三月であった。約半年間天皇は家族と離れ、戦争関係の務めに没頭していたことになる。翌四月に講和条約調印が成り、戦争は日本の勝利が確定した。天皇は五月、東京に凱旋のような形で帰ってきた。戦争中のストイックな姿は国民に知られており、国民は天皇を歓呼の声で迎えた。日比谷には、清水組(現・清水建設)がつくった凱旋門まで用意されたという。

円熟した天皇

こうした体験を経て、天皇は確かに変わった。こう書くと語弊があるが、戦争は挙国一致をもたらす最大の機会である。また、それを通じ、政治も経済も社会も、さらには為政者や国民の意識も変える。明治天皇も、戦争遂行の中で自ら汗を流し、神経をすり減らしたことにより、国家、そしてその国を実質的に切り回す伊藤博文首相以下臣下の者たち、さらには国民との間に、それまでにはなかったような強い一体感を持ったであろうし、そのことが四〇代半ばに達していた天皇を、政治的に成熟させる効果をもたらしたはずである。以後、天皇は臣下とかつてのように摩擦を起こすことは無くなった。明治憲法体制の中での自分の役割を弁《わきま》え、それが円滑に運営されるように、できること、許されることに全力で努めるようになったかに見える。

天皇が演出した政権交代

一例を挙げると、明治一八年に内閣制度が布かれて以降しばらく、内閣は交代こそするものの、閣僚の顔ぶれの変動はあまり激しいものではなかった。自由党や改進党といった反対派につけいる隙を与えず、また藩閥内部に波風を立たせない配慮のため、政権交代の際、首相は当然代わるとして、後任の首相は閣僚の誰かが横滑りで就任し、次の政権を引き受けるという形をとっていた。帝国憲法には今の日本国憲法のような、内閣は連帯して国会に対し責任を負うというような規定はない。連帯責任を負う義務は無く、ただ第五五条にあるとおり、国務大臣が個々に責任を負うのである。だから、連帯責任に基づく総辞職は制度上存在しないということになるのである。

ところが、それでは内閣の責任が曖昧になるという観点から、初めて総辞職らしい総辞職に踏み切ったのが、日清戦争の指導にあたった第二次伊藤内閣だったのである。伊藤は、従来型の政権交代方式に不満で、日清戦争が終わった翌年の明治二九年八月、政権としては充分な成功を収めた後に円満な総辞職を実現した。

次は松方正義が第二次内閣を組閣したが、松方の指導力は伊藤ほどではなく、政権として機能しなくなってしまった。松方は政権維持の見透しが立たないため辞意をもらすようになったのだが、それを見た松方と同じ薩摩出身の樺山資紀内相、高島鞆之助《たかしまとものすけ》陸相の二人が、松方を降ろして首相を西郷従道海相に代えて政権を存続させようとした。首相だけの交代にとどめる政権交代を果たそうとしたのである。しかし、それは天皇により阻止された。辞意を申し出た松方に、天皇は、やめるのは構わないが、樺山と高島も連袂《れんべい》辞職させるように、という意向を伝えたらしいことが周辺の史料からうかがえるのである（拙著『明治立憲制と内閣』）。それで総辞職への流れができ、伊藤博文の敷いた路線が守られ、総辞職慣行が定着していった。天皇はそのように政治的な勘所をおさえられるようになっていた。

また、政党には全面的な信頼を置いていなかったようだが、それでも伊藤博文が国民政党をめざして立憲政友会をつくろうとした際には、二万円を下賜して政党結成を援助している。政友会が「勅許政党」などといわれた所以である。

このように、明治天皇は日清戦争を経てみごとに政治的な成熟を遂げ、権威の源泉として振る舞うかたわら、調整役を密かに果たすようになったのである。西川誠《にしかわまこと》『明治天皇の大日本帝国』が、明治天皇が元老の一員というべき役割を担うようになっていったことを指摘したのは、まさに卓見というべきであろう。土方久元も、自分が面罵された甲斐があったと、さぞかし満足したに違いない。

元老の一員

勅語奉答文の爆弾

恭《うやうやし》ク惟《これ》ニ車駕《しゃが》親臨シテ、茲《ここ》ニ第十九回帝国議会開院ノ盛式ヲ挙ケ、優渥《ゆうあく》ナル聖詔《せいしょう》ヲ賜フ。臣等感激ノ至ニ堪ヘス。今ヤ国運ノ興隆洵《まこと》ニ千載一遇ナルニ方《あたり》テ閣臣ノ施設之ニ伴ハス、内政ハ弥縫《びほう》ヲ事トシ外交ハ機宜《きぎ》ヲ失シ、臣等ヲシテ憂慮措《お》ク能《あた》ハサラシム。仰キ願クハ聖鑑《せいかん》ヲ垂レ給ハムコトヲ。臣等協賛ノ任ニ在リ、慎重審議ヲ以テ上陛下ノ聖旨ニ答ヘ奉リ下国民ノ委託ニ酬《むくい》ムコトヲ期ス。衆議院議長臣河野広中誠恐《せいきょう》誠惶《せいこう》謹奏ス。

（『第十九回帝国議会衆議院議事速記録第一号』より）

妙に堅苦しく、また片仮名表記であることにとまどわれるかもしれない。読みやすく書き改めてもよいのだが、それだと、原文の性格も味も、当時の状況も伝わらないので、あえてそのままとした。実はこれ、ある年の帝国議会開会にあたり、明治天皇から議会にくだされた勅語に対し、衆議院議長が読み上げた奉答文《ほうとうぶん》の一節なのである。その中に、言葉の形でさりげない仕掛け（傍線部がそれである）がなされていたのだ。まさに開会されようとした議会が、法案一つ審議することなく、開会翌日に解散されてしまうような。

開会式今昔

本章執筆時点の直近に開かれた第二一〇回国会（臨時国会）の開会式は、令和三（二〇二一）年一〇月三日、今上天皇陛下御臨席のもと、参議院本会議場においてとり行われた。国会の開会式は参議院で行われる慣習である。現在の国会議事堂は二・二六事件の年、つまり、まだ国会ではなく帝国議会であった時代の昭和一一年に建設されているが、その当時から、というより明治二三年一一月の開会式（当時は開院式と呼んだ）から、第二院である貴族院本会議場で行われる慣習であった。それが貴族院から参議院にかわった戦後にも継承されているのである。

話を第二一〇国会開会式に戻すと、まず細田博之《ほそだひろゆき》衆院議長が簡略な式辞を述べる。「現下、我が国をめぐる内外の諸情勢は依然として厳しく、早急に対処すべき幾多の重要問題」が存在する状況のもと、「我々は、我が国の現状及び国際社会における立場を深く認識し、内政、外交の各般にわたり、速やかに充実した審議を行い、必要な施策を講じて、国民生活の安定向上を図るとともに、世界の平和と繁栄の実現に一層大きな役割」を果たさなければならないことに鑑み、「日本国憲法の精神を体し、各々最善を尽くしてその任務を遂行し、もって国民の信託に応えようとする」決意を表明するものであった。
続いて天皇陛下から「本日、第二百十回国会の開会式に臨み、全国民を代表する皆さんと一堂に会することは、私の深く喜びとするところであります。ここに、国会が、当面する内外の諸問題に対処するに当たり、国権の最高機関として、その使命を十分に果たし、国民の信託に応えることを切に希望します」とのお言葉を賜り、開会式は終了している。
一方、帝国議会開院式は、戦後の国会と様相を異にする。本章の舞台となる明治三六（一九〇三）年一二月一〇日に開催された、第一九回帝国議会のそれは、明治天皇から貴衆両院に下す、次のような勅語を天皇自ら朗読するところから始まる。

朕茲ニ帝国議会開院ノ式ヲ行ヒ貴族院及衆議院ノ各員ニ告ク。帝国ト締盟各国トノ交際益々親厚ヲ加フルハ朕深ク之ヲ欣《よろこ》フ。而シテ東洋ノ平和ト帝国ノ利権ヲ保持スル為緊要《きんよう》ナル国際ノ交渉ニ関シテハ国務大臣ヲシテ慎重其ノ事ニ当ラシム。朕ハ国務大臣ニ命シテ財政ニ関スル経画《けいかく》ヲ定メシメ明治三十七年度ノ予算ハ各般ノ法律案ト共ニ議会ノ議ニ付セシム。卿等和衷審議以テ協賛ノ任ヲ竭《つく》シ朕カ望ム所ニ副《そ》ヘヨ。

今日の開会式とは違い、このように最初に天皇が勅語を読み上げた後、皇居へと還御する。それに続き、今度は舞台を衆議院に移し、衆院議長が勅語への奉答文の原案を示して議場の承認を得る。そのような順序を踏むのである。

現在との比較でいうと、勅語が政策レベルに踏み込んでいることが印象的である。まず日本と、盟約を結んでいる各国との関係が緊密の度を加えていることを喜ぶとともに、東洋の平和と日本の権益保全のために緊急を要する外交交渉を、国務大臣に慎重に当たらせる意志が示される。これが、翌年二月の日露開戦直前にあたるこの時点での、満州及び朝鮮半島をめぐる対ロシア交渉を指していることは明らかである。後半は、議会提出された明治三七年度、つまり次年度予算と各法律案について円滑な審議を望む文言となっている。

虚を衝かれた代議士たち

帝国議会は戦後の国会と違い、条約の批准《ひじゅん》権などは持っておらず、基本的に外交には関われない。大日本帝国憲法第一三条に「天皇ハ戦ヲ宣シ和ヲ講シ及諸般ノ条約ヲ締結ス」とあるように、外交は天皇の大権事項であり、輔弼にあたるのは内閣である。その点を考えると、帝国議会に下した勅語の前半であえて対外情勢に言及している事実は重い。緊迫を極めている現状を念頭に、円滑な議会審議を望む意志が静かに、しかし強く示されているといってよいだろう。

ところが、これに対して河野広中衆院議長が、衆院の承認を得るべく朗読した奉答文が大問題となる。冒頭に掲げたものがそれなのであるが、傍線部分がまさに埋め込まれた爆弾で、よく読んでみると、相当激越な政権批判になっているのである。すなわち、当時の第一次桂太郎《かつらたろう》内閣が、国運の興隆にかかわる、まさしく千載一遇の重大局面に際会しながら施策がそれに伴っておらず、内政においては当面を取り繕うことにのみ汲々としており、外交では適切な機を捉えられていない、これではわれわれ議員は憂慮せずにいられない、どうか、陛下の賢明なるご判断をいただきたい、という弾劾そのものなのである。いってみれば、天皇が議会に対し、対外情勢の険しさに配慮して予算や法案審議に協調の実を挙げてくれと要望したのに対し、議会の方は、内政・外交両面において現政権は恃《たの》むに足らないから何とかして欲しいと、天皇に訴えたのである。

そんな危ない文言が盛り込まれているとは夢想だにせず、通常のように純然たる儀礼としての奉答文だと信じ込んでいた議員たちは、議長の朗読終わるや、異議なく承認を与えてしまったのである。その時の様子は、当時の衆議院書記官長・林田亀太郎《はやしだかめたろう》の回想録『明治大正政界側面史　上巻』によると「悠揚《ゆうよう》迫らず、音吐朗々《おんとろうろう》として語気荘重満場宛《さなが》ら水を打ちたるが如し。朗読纔《わずか》に終るや拍手喝采の声堂を揺がす、議長は其静まるを待ちて本案に対する異議の有無を問うたが満場謐然《ひつぜん》として声がない。励声《れいせい》更に異議の有無を問ふも亦《また》一人として応ふる者なく唯急霰《きゅうさん》の如き拍手起りて同意を表するのみであつた」という。ところが、河野議長が散会を宣し、議場を立ち去った後、「此時始めて酔ひより醒めたる如く我に返つた議員達が改めて其文を閲読すると驚くべし弾劾的上奏案である。議員の驚愕は暫時《ざんじ》議場の内外を圧する計りで、此驚愕は軈《やが》て憤怒となり、怨嗟《えんさ》となり憤怒怨嗟は更に狂瀾怒濤《きょうらんどとう》と変じて事務局に殺到した」という大騒動になるのである。

しかし、とにかく手続面では、河野議長が奉答文の内容の是非を問い、それに満場一致で承認を与えてしまった以上、今更覆すのは難しい。しかも、勅語に対する奉答文であるから、林田が「弾劾的上奏案」と表現しているように、衆議院の総意を直接天皇に伝える点で、実質的に衆議院からなされた上奏なのである。衆議院から天皇に対し、桂内閣への不信任が明確に示されてしまったのであった。

このような事態を招いたからには、桂内閣として何らかの形で天皇に対し責任をとらなければならなかった。天皇の要望が、衆議院に全面的には受け容れられなかった事実を放置することは不可能であり、開院式の翌一一日、衆院解散の詔勅が下ることとなった。

開戦と解散

一般にはあまり知られていないかもしれないが、日清・日露の両戦役には開戦過程に意外な共通点がある。開戦とほぼ同時に衆議院の解散・総選挙が行われていることである。

今日的感覚だと、そんなことをやっている場合ではなかろうという素朴な疑問を禁じ得ないが、紛れもない事実なのである。いや、太平洋戦争でも、開戦から五ヶ月後の昭和一七（一九四二）年四月三〇日に総選挙が行われているではないか、何も特別なことではない、という反論もあり得ようが、太平洋戦争時の選挙は解散によるものではなかった。また一般に「翼賛選挙《よくさんせんきょ》」と呼ばれるように、東条英機《とうじょうひでき》内閣主導で、戦争貫徹に向けての体制固め、人心昂揚といった意図の下に、大政翼賛会推薦候補の大量当選を目論んで実施されたもので、むしろ戦争指導の一環とさえいえる選挙であった。日清・日露のそれとは根本的に異なる。

日清戦争は明治二七（一八九四）年七月二五日が実質的な戦闘開始（宣戦布告は八月一日）であるが、同年六月二日に第六回帝国議会が解散されており、それにともなう第四回総選挙の投票が九月一日であった。実は前年暮れの第五回帝国議会解散による第三回総選挙が三月一日に行われているので、二回の総選挙の間隔が半年しかなく、その間に日本は清との開戦に踏み切ったのである。代議士も有権者も随分せわしない、心ここにあらずの思いを味わったことだろう。余談になってしまうが、大阪事件その他、自由民権運動時代の輝かしいキャリアを持ちながら、衆議院の議席を得られなかったために政治家として不振に陥った大井憲太郎《おおいけんたろう》は、第三回総選挙でようやく当選を果たしながら、わずか半年で議席を手放すことになり、以後二度と帝国議会の議場とは縁が無かった。

日露戦争の場合はどうだろう。明治三七（一九〇四）年二月八日に戦闘開始（宣戦布告は一〇日）であるが、約三週間後の三月一日が、前年一二月一一日の第一九議会解散による第九回総選挙の投票日である。解散と投票の間に開戦というパターンは日清戦争と共通している。

ただ、表面的に似ていても内実まで分け入ると、日清・日露の違いが浮かび上がる。日清戦争直前、第二次伊藤博文内閣は、自由党と提携関係に入っていたものの、進行中の条約改正交渉をめぐり改進党・国民協会を中心とする対外硬派の追及を受け、議会対策に苦慮していた。伊藤首相や陸奥宗光外相が開戦に傾斜していった要因として、そうした政治的危機の影響が皆無だったとはいえない。解散による政治空白の時期に清と事を構え、開戦にまで持っていったことで（イギリスとの間で条約改正交渉がまとまり、日英通商航海条約が調印されたのも、この期間中の七月一六日である）、国内の政争を封印することに成功しているのである。つまり、議会解散は開戦過程の重要な一部をなしている。

ところが、日露戦争の場合、解散・総選挙と開戦とは直接の関係を持っていない。それどころか、解散・総選挙自体が上述の如く、全くのハプニングだったのである。そのきっかけが冒頭に掲げた奉答文であった。こうなった裏には、引っかき回してとにかく局面を動かそうとした、一群の人々がいたのである。

桂内閣を揺さぶる意図の下に筋書きを描いたのは、秋山定輔《あきやまていすけ》という男である。

企画・原案・脚本　秋山定輔

明治元（一八六八）年に岡山県倉敷《くらしき》に生まれ、苦学して同二三年七月に東京帝国大学法科を卒業後、会計検査院に勤務。同年官界入りの法科卒業生には柴田家《しばたか》門《もん》（第一次・第二次桂内閣の内閣書記官長）・石井菊次郎《いしいきくじろう》（第二次大隈重信内閣の外務大臣）・伊集院彦吉《いじゅういんひこきち》（第二次山本権兵衛《やまもとごんべえ》内閣の外務大臣）・原嘉道《はらよしみち》（田中義一内閣の司法大臣。昭和一五年から一九年まで枢密院議長）・山之内一次《やまのうちかずじ》（田中義一内閣の内閣書記官長）など、地味だが異能の人物が多い。特筆すべきは後出の「床次竹二郎《とこなみたけじろう》の未練」の主人公・床次竹二郎で、内務省入省後、原敬《はらたかし》内相の下で次官に昇った後に立憲政友会入りし、一時は原敬の後継総裁候補筆頭であった。

図５　秋山定輔（『新選代議士列伝』，金港堂，1902年）

新聞人としての出発

だが、秋山はいくばくもなく官途を退いてしまう。もともと役人には魅力を感じておらず、あくまで民間で生きていくことを望み（藩閥への反感からであったという）、とりあえずは弁護士にでもなろうと考えていたのだった。役人の次に実際に手を染めたのは、新聞経営である。藩閥の横暴を世に訴えるためであり、明治二六年に『二六新報《にろくしんぽう》』を創刊する。ただし、この時は資金難や、秋山自身が肋膜炎《ろくまくえん》で療養が必要になったといった事情により、一年半余りで休刊に追い込まれている。しかし、同三三年に復活し、三井資本の暴露記事、さらには廃娼問題などを積極的に取り上げたことなどで注目を浴び、報道姿勢で相通ずる存在であった黒《くろ》岩涙香《いわるいこう》の『万朝報《よろずちょうほう》』と並ぶ人気を盛り上げた。

勢いに乗った秋山は、明治三五（一九〇二）年の第七回総選挙で東京市部選挙区から当選、代議士となり、同年暮れの解散に伴う翌三六年三月一日の選挙でも、本人曰く「自分では立つ意志はなかつた」（村松梢風《むらまつしょうふう》『秋山定輔は語る』）にもかかわらず再選された。奉答文に仕掛けをして桂内閣に不信任を突きつける策謀を、本格的にめぐらしはじめたのはその後である。秋山が桂内閣との間に何か政見上決定的に相容れないものがあった気配は薄い。ただ、新聞人・秋山と桂内閣との関係が険悪だったのは事実であった。

復活成った『二六新報』が明治三四年四月三日、秋山のアイディアで、向島の白鬚《しらひげ》近辺を会場として催した「労働者懇親会」は、前例の無い破天荒な企画として話題をよび、参加者三万人を動員する一大イベントとなった。「一口に労働者と云へば、まるで立ン坊の気の利いたもの位にしか世間は受け取らぬ」風潮に憤りを感じたのが動機であったという

（前掲『秋山定輔は語る』）。当時の政権は第四次伊藤博文内閣。治安を管轄する内務大臣は伊藤首相の女婿・末松謙澄、警視総監は安楽兼道《あんらくかねみち》で、責任をとれるのは五〇〇〇人までだと難色を示したが、何とか開催にこぎ着けた（秋山は粘って二万人の線で話をつけ、既に完売してしまった三万枚の前売り券から一万人分買い戻そうとしたが、無理だったという）。

初回の成功に気をよくした秋山は翌年も同日に開催しようとしたが、伊藤内閣の後継たる第一次桂内閣（内相・内海忠勝《うつみただかつ》、警視総監・大浦兼武《おおうらかねたけ》）は頑として認めなかった。怒った秋山は、労働者懇親会開催延期を伝える広告ビラに、期限を「桂内閣の倒れる迄」と明記するという挑発を行ったりした。以後、桂内閣と『二六新報』との関係は悪化し、発行停止処分、紙名変更といった展開を見ることになる。代議士となった秋山が、今度は政治の舞台で何とか一泡吹かせてやる、と考えても不思議ではなかった。

そこへ、運命の第一九回帝国議会がめぐってくる。秋山はまず、憲政本党（立憲改進党の後身）のリーダーで同郷の先輩でもあった犬養毅《いぬかいつよし》に、桂内閣不信任案提出への協力を打診したが、思わしい反応を得られなかった。そこで、政府弾劾の奉答文を河野広中議長に読ませるという秘策を打ち明けたが、犬養はそれにも賛成しなかった。犬養の河野に対する評価は極めて低く、「河野は動かんよ」、果ては「彼れは政府の犬だぜ」とにべもなかった（前掲『秋山定輔は語る』）。諦めきれない秋山が尾崎行雄に河野評を訊くと、尾崎は河野を買っていたので、気をとり直して河野を説得し、ついに承諾を得る。あとは一瀉千里《いっしゃせんり》、奉答文案を練り上げるだけであった。

主演　河野広中

さて、主役登場である。問題の開院式の五日前、一二月五日に議会運営上必要な諸事項を決定する衆議院の成立集会が開かれている。その場において、前議長の片岡健吉《かたおかけんきち》が一〇月三一日に死去していたのを受けた議長選挙（三名連記投票）が行われ、その得票上位者三名——河野広中・鳩山和夫《はとやまかずお》・犬養毅を候補者として首相が天皇に奏上、その結果、三五一票を獲得して圧倒的な首位を占めていた河野が議長に勅任されたのであった（最多得票者が任ぜられるのは第一回からの慣例である）。これで河野は栄えある主役の座をつかんだことになるが、そこに至るまでの歩みはまことに険しいものがあった。

自由民権運動の絶頂期であった約二〇年前、明治一五（一八八二）年に起こった福島事件で、県会議長及び福島自由党のリーダーとして薩摩出身の県令・三島通庸《みしまみちつね》の弾圧と戦った彼は、数年間の獄中生活を送った後、明治二二年の憲法発布による特赦《とくしゃ》で出獄すると、担がれて大同団結運動（立憲政治開始を視野に入れた民権派再結集運動）のリーダーとなった。運動の盟主であった後藤象二郎が、当時の黒田清隆内閣に逓信大臣として突然入閣したために混乱状態に陥った運動の再建が、彼に託されたのである。福島事件の首魁という経歴は、輝かしい名誉の向こう傷であり、運動のシンボルとして最適であった。帝国議会開幕後は自由党の指導者として改進党との共同戦線を張り、藩閥政府との全面対決へと党を誘導した。

河野が藩閥政府との妥協を全く拒絶していたわけではない。「樺山資紀のふるった「蛮勇」」で触れたとおり、第三議会における「選挙干渉ニ関スル決議案」可決による停会中、彼は伊藤博文の女婿・末松謙澄に接触を求め、松方内閣退陣・伊藤内閣待望論を示唆している。だが、とりあえずは民党連合路線で藩閥政府を追い詰めて大幅な譲歩を引き出すことで、政治的伸長をはからざるを得ない位置にいたのである。

図6　河野広中（国立国会図書館「近代日本人の肖像」）

だが、自由党と第二次伊藤内閣との接近が開始されると、党内情勢は河野にとって不利に傾いた。彼には藩閥政府との太い交渉ルートが無いのである。林《はやし》有造《ゆうぞう》や片岡健吉ら、いわゆる「土佐派」といわれるグループは、そもそも自由党総理にして伯爵位を持つ維新の元勲・板垣退助を戴いており、また日清戦争後には、伊藤博文首相の股肱・伊東巳代治と林とが密接な関係を結んでいる。「関東派」を率いる星亨《ほしとおる》には、維新当時から続く陸奥宗光との由縁がある。星が明治一六年に自由党入りしたのも、西南戦争時に新政府への謀反を企んだとして獄中にあった陸奥の、出獄後の居場所を自由党内に確保するためともいわれた。しかし、河野にはそういったものが望めず、権力へのアクセス上、著しい困難に直面せざるを得なかった。また、明治二九（一八九六）年二月五日付の伊藤博文宛伊東巳代治書翰に河野が「債鬼《さいき》」に追われているとの記述があるように（『伊藤博文関係文書　二』）、政治資金の欠乏にも悩まされていたらしい。

「自由党の河野」を捨てる

河野は明治三〇（一八九七）年二月、ついに自由党を脱党した。居場所も将来の展望も失い、自由党の河野、福島事件の河野という金看板を捨てざるを得なくなったのである。その後は無所属や小会派入りといった遍歴をたどるが、そうこうしている間に政局の大変動が起こる。明治三一年六月、第三次伊藤博文内閣が懸案の地租増徴案成立の見通しを失い、政権運営に行き詰まったのを見てとった自由党・進歩党（改進党の後身）両党が合同、衆院の絶対多数を占める憲政党を結成したのである。この状況で為す術無くなった第三次伊藤博文内閣は政権を憲政党に明け渡し、ここに憲政党を与党とする第一次大隈重信内閣、いわゆる隈板内閣が成立した。しかし、この日本憲政史上初の政党内閣は内紛その他の要因により、一度も議会を迎えることなく僅か四ヶ月で倒れてしまい、憲政党も旧自由党系の憲政党と旧進歩党系の憲政本党に分裂した。

この激動の中で、河野は憲政本党に居場所を定めた。明治以来の戦前の政党史を概観すると、民権運動時代の自由党の流れと改進党の流れという、二つの系統が脈々と続いていったことがわかる。その二つの流れが最終的に一つにまとまるのが戦後の保守合同、つまり自民党の成立ということになるのだが、その歴史の中で、河野ほどの自由党の大幹部クラスで、比較的早い時期に改進党系に転じたという例は他にほとんど見当たらない（逆の例、つまり改進党の大幹部が自由党の流れに転じたという例なら尾崎行雄・鳩山和夫などがあてはまるが）。ただ、そうした経歴だとやはり外様扱いは避けられない。秋山定輔の項で触れた、犬養毅の辛辣な河野評は、犬養の狷介《けんかい》な性格は無視し得ないとしても、そこに原因の一半はあろう。

だが、河野にはある強みがあった。風貌なり雰囲気が何しろ人を惹きつけるのである。民権家で、後に星亭の配下として実業界で活躍する井上敬次郎《いのうえけいじろう》は、獄中で知り合った河野について「その時の印象は風姿端麗《ふうしたんれい》で落着払つて居る。さうして物を話す時は相当の熱がある。事を苟《いやしく》もしない。さういふ点が四ヶ月も居ると大概分る。さうしてあの人はどちらかといふと沈黙の人であつた。併《しか》し喋りだすと色々なことを喋る。〔中略〕併しこの人も星さんとはまる切り違ふ。あの人は理窟《りくつ》が余り立たん人で、筋途《すじみち》が書いてあつて演説することは出来るけれども、自分でかうしなくちゃならん、あゝしなくちゃならんといふ理窟は立たん。誰か拵《こしら》へてやらなければならん。〔中略〕併し人望はあつた。その風姿端麗なのと、寡黙慎言と云ふやうな所と、それと兎に角あの時の福島事件といふものは全く天下を震動させたので、どういふ偉い豪傑か知らんと、青年はまだ一遍も顔を見たこともないのに、さう思うたのだな」（「井上敬次郎氏談話速記」〈昭和一三年一二月一三日談話〉。「憲政史編纂会収集文書」所収）と回想している。「風姿端麗」で落ち着いた雰囲気、寡黙。振り付け甲斐のある人物ということになろう。そういう人物がまさに議長に選ばれていた。

秋山は「理窟が余り立たん」河野に絶好の「筋途」を用意してやり、最高の演技の見せ場、舞台を用意した。河野も、林田亀太郎の前掲回想録で活写されている名演を以て、それに応えたのである。それを当日議場で、いわば鑑賞していた尾崎行雄が「この大芝居は九代目團十郎《だんじゅうろう》と左團次《さだんじ》の勧進帳に優るとも劣らぬ出来栄えと感心した」（尾崎『日本憲政史を語る　下』）と回想しているのは、あながち誇張ばかりでもなかろう。

最も重要な助演者　林田亀太郎

ところで、帝国議会には、議事が遅滞や混乱に陥らず円滑に運べるよう差配する裏方——事務局がある。そのトップが前出の書記官長・林田亀太郎であったが、その林田は、奉答文奉読に至る過程で怪しい気配を感じながらも、あえて淡々と職務をこなすことに終始した。そうでなければ、河野が無事に大芝居をやりおおせたかは怪しかった。林田の態度の裏には相応の経緯なり理由があったのだが、ここではあえて事実経過のみを書いておく。

開院式前日の一二月九日、林田は登院した河野から「奉答文は事務局に於て起草するのが慣例の様だがどうだね」と尋ねられた。それに対し林田が、事務局で起草するのはあくまで議長の参考に供するためであると答えると、河野は、その取捨が議長に委ねられていることを確認し、さらに「其の草案は各派代表者を招いて之を示し相談するのが慣例の様だが、あれも議長の都合で相談するしないは随意《ずいい》だと思ふが何《ど》うだ？」と質《ただ》した。林田が、議会は慣例を重んずるので、相談しないなら、しないということをお諮《はか》りいただきませんと、と返答すると、河野は相談なしでも法律には抵触しないこと、各派に相談する慣例が星亨議長時代（第三回〜五回帝国議会）に開始されたことをさらに確認した上で「併し議院で起草を議長に一任したる以上、何も各派へ相談する必要はあるまい。そんな繁文縟礼《はんぶんじよくれい》は成るべく廃したいものだ、議長に於て斯く決定す

図７　林田亀太郎（国立国会図書館「近代日本人の肖像」）

ると言明した以上は、事務局に於て何等干渉の出来るべきことではない」と言い放ち、林田が既に用意してあった長短二ヴァージョンの奉答文草案を渡すと、「奉答文は大抵極《き》まつたものだから、何《いず》れでも宜からう」と呟くように言いながらポケットに収め、林田には、これから少し調べたいことがあるから退出して休息するよう指示した。

二時間ほどが経った頃、官舎で休息中の林田のもとへ、書記官の寺田栄《てらださかえ》が息せき切って駆けつけ、河野議長から、議長が辞職する時には誰に辞表を出すのかと尋ねられた、しかも議長が辞表らしきものを認《したた》めているのを見た、と報せに来た。林田は相当驚いたが、なぜか寺田には内閣書記官長の柴田家門に報告しておくよう命じたのみで、「嵐を待つ様な不安な心持ちの一夜」を過ごした（以上、前掲『明治大正政界側面史　上巻』）。

その「嵐」は、奉答文ののっぴきならない内容に驚いた代議士たち（林田によれば「政友会の元田肇《もとだはじめ》、無所属の田口卯吉《たぐちうきち》を先頭に数十の首領株」）が書記官長室に殺到したところから始まった。林田は罵声を浴びたが、憲政本党代議士・守屋此助《もりやこのすけ》が代議士たちを「君等は立派に議決権をもつてゐながら今更行政官に喰つてかゝるとは何たる卑怯ぞ」と怒鳴りつけたので、代議士団は議長室に向かい、今度は河野をつるし上げた。一方、河野を擁護するために議長室に駆けつけた人々もいた。秋山の計画を事前に知っていたであろう尾崎行雄ら、同志研究会という小会派所属の代議士たちであった。

代議士たちの多くは当惑していた。奉答文を拍手で承認してしまった以上、また、緊迫した状況下で政権交代は現実的でないとなれば、筋論《すじろん》としては解散しかない。しかし、三月の総選挙で当選してから九ヶ月で解散というのは非常な負担となる。手続きや先例を無視してでも奉答文を再議すべきだとする空気は強かったのだが、結局、多数を占めていた政友会も憲政本党も最終的には再議を断念する。再議を主張したのは、桂内閣に近い立場をとる小会派のみであった。河野議長はつるし上げに屈しなかったし、林田も「其手続上一点の瑕瑾《かきん》なき議決を再議すると云ふが如き」ことには同意できないという立場を貫いた。林田は桂首相から再議を迫られたが、拒絶している。

図8　伊藤博文（国立国会図書館「近代日本人の肖像」）

後援　伊藤博文

大トリ（後援というより、ゲストとかカメオ出演という方が適切かもしれない）は元老にして当時枢密院議長であった人物に務めてもらおう。林田の不可解な行動の裏には、伊藤博文の存在があった。

議会召集の二、三日前、林田は霊南坂《れいなんざか》に伊藤を訪ね、議会の情勢について報告した。それが終わると、伊藤から「秋山が何か君に頼みたい事がある相な、君の職責に妨げない限りは聞いてやつて欲しい」と要望された。林田は不審を抱いたが、説明を求める時間も無かったので、言われるまま承諾して帰途に就いた。

実は、秋山定輔と伊藤は面識があった。秋山が肋膜を患い、病後の静養先に選んだのが大磯で、招仙閣という旅館の離れ「月廼家」を借りた。その招仙閣のもう一つの離れ「花廼家」を借りていたのが西園寺公望《さいおんじきんもち》で、そこをしばしば訪問していた伊藤と秋山の間に自然と接点ができた。秋山は父親に頼まれて、父親を伊藤に紹介したところ、秋山の父は伊藤のよい碁敵となり、花柳界の話題などでも波長の合う関係になったという（前掲『秋山定輔は語る』）。秋山は、その伊藤との関係を発動したのである。

秋山は、林田の記憶が正しければ一二月八日、つまり、河野が林田に奉答文についての慣例などを確認した日の前日に林田を訪問している。その際、秋山はまず「藤侯から何か聞いたか」と林田に尋ねた。林田が伊藤から聞いたとおりを答えると、「夫《そ》れでよい、君に累を及ぼす様な事は絶対にしない積《つも》りだから、なまじ内容は語らない方がよからう」と穏やかならぬことをいうので、林田が思わず「大事件？」と問うたところ、秋山は「素よりだ、是れ以上の大事件があるものか、若《も》し我国政を此の侭《まま》に放任して置いて見給へ、朝鮮は忽ち露国に併合せられ、遂に我邦も滅亡の外はないではないか」という。林田が「同感だ」と相槌を打つと、「それに就いてだ、君に頼みたいと思ふ一議は、実は議長の事だが、河野議長が、今回法律慣例上、可能の事をされるに就いて、国家存亡に関する事だから、どうか君は眼をつぶつて、議長の為すまゝに遣《や》らせて呉《く》れ給へ、今君に妨害されてはそれこそ万事休するからね」と、さらに思わせぶりな依頼をする。それに対する林田の「よし、よし、法律慣例に悖《もと》らぬ限りは干渉すまい、それが国家の為めとあるからは……」という答えに満足して、秋山は辞去した。

かくして、林田は伊藤の意を酌み、好意的傍観者として振る舞うことを秋山に約束したのであった。林田は、桂から再議を迫られた後、天皇の意を受けて密かに訪ねて来た三《さんの》宮義胤《みやよしたね》式部長から「此上奏案は議長一個の意見か或は他に教唆者《きようさしや》でもあるのか」と際どい質問を受けている。「議長一個の意見か或は他に教唆者のあるかは判明致しませぬ、然しながら対露問題に就て、議員中に不安の念を懐く一派がありて此挙に出てたのではないかと存じます」と林田はかわしたが、「それで伊藤侯はどんな御意見か」と、鋭い二の矢が飛んでくる。これも「侯爵からは何も承はりませぬ」ととぼけた。

天皇からの働きかけはこれで済んだが、次はまた桂からである。それも、内相も兼ねる桂だけでなく、波多野敬直《はたのよしなお》司法相・清浦奎吾《きようらけいご》農商相（林田の推測では、林田の同郷〈熊本〉の先輩であったため）・大浦兼武逓相（同様に、前・警視総監であったため）も同席する場に呼びつけられた。まず追及されたのは、奉答文の一件は河野議長一個の企みではあるまい、誰が糸を引いていたのか、という点である。林田は、もちろん「一向に存じません」と撥《は》ねつけたが、「其地位に居て知らぬ筈があるか」と追い打ちが来る。「桂子の言は仲々鋭い」と思わずたじろぎつつも、知るはずはありません、と防戦に努めた。桂の詰問を引き取るように、清浦が「あんな大事を仕組む以上は、形跡位は判りさうな者だに」と、質問か独語かわからぬ一言を発したが、林田は「其の儀なら議長の挙動に不審がありましたから、前夜内閣書記官長まで注意して置きました」と弁解した。予め張っておいた予防線が役に立ったわい、と心中で呟いたかもしれない。

しかし、この程度で解放してくれるほど桂太郎が甘かろうはずがない。「君は最近何時伊藤侯に逢《あ》つたね」と、今度は真っ向から打ち込んできた。「四五日前にお眼にかゝりました」と答えると、「其際に何か政治上の事に就いてお話はなかつたか」と問われたので、もちろん否定する。次は「さうか、では君が議長の挙動を怪しく思つた点は何処か、一通り話して貰ひたい」だったので、一二月九日に寺田書記官から報告された点をそのまま伝えると、続いて奉答文の起草者の心当たりについて尋ねられた。知らない旨答えると、流石の桂も、それ以上の追及のカードは持っていなかったらしく、ようやく約一時間の尋問は終わった。林田は白を切り通し、後はもう、解散へと進むだけであった。

トリックスターたち

以上のような経過を経て、日露開戦過程にも政局にもほとんど影響を及ぼさない、奇妙な解散劇が展開された。この奉答文事件に間接的にせよ関与した尾崎行雄は、「東京市長在職十年間は全く政治問題に関係がない、唯議員に列して議会に出て居ると云ふだけであつた、但其間の悪戯《いたずら》としては河野広中君の内閣弾劾奉答文で議会が解散された時であります、今日白状すると、アレには私も多少与《あずか》つた、尤も私の発起ではないが夫《それ》を決行する時に私が同意したのが決行の一つの原因となつたのであります」（『学堂回顧録』）という回顧を残している。要するに、奉答文事件とは、尾崎にとって東京市長と代議士をかけもちしていた時期（明治三六年～四五年）に手を染めた「悪戯」程度のものであったし、大局的に見てもそうであった。事件の関与者たち――秋山や河野はもとより、尾崎、そして伊藤博文ですら、紛れもなくトリックスター、つまり秩序を破って状況を引っか

図9　尾崎行雄（尾崎行雄記念財団所蔵）

き回し、ストーリーを急展開させる役割であったが、引っかき回した度合いはさほど大きくなく、痛快なものであったとも思えない。解散と決まった後で、うまくやりおおせたわい、桂の鼻を明かしてやったぞ、と祝杯でもあげたのかもしれないが、彼らはなぜこんな「悪戯」をやらかしたのだろうか。それは、彼ら自身の事情と、何ものかを動かそうとしても「悪戯」程度しかできない時代状況との複合であった。

彼ら自身の事情とは、現に少数派であるか、もしくは存在感の低下を自覚せざるを得ない立場に置かれていたということである。

それぞれの鬱屈

秋山と河野については既に触れている。秋山にとっては、かねてから含むところのある桂内閣に一矢報いる機会であると同時に、新聞人としてはともかく、議会政治家としては新参の身として、実行力なり才覚を示す前向きの意味合いがあったろうし、逆に古株であったが不遇を託っていた河野には、久々に注目を集める機会であったろう。

尾崎は、自由民権運動時代以来のキャリアを誇る改進党—進歩党—憲政本党の幹部であったが、明治三三（一九〇〇）年に伊藤博文が、自由党の後身・憲政党を基礎に立憲政友会を創立した際、改進党の流れをくむ有力者として唯一参加した。尾崎自身の回想によると、藩閥政府の巨頭であった伊藤が政党結成に取り組み、日露関係の改善にも乗り出そうとしていたことに共鳴し、伊藤に一臂《いっぴ》の力を貸そうとしたことが大隈重信や僚友たちの誤解をよび、その結果、憲政本党を脱して政友会へ参加したのだという（『学堂回顧録』）。

その後、伊藤博文が第一次桂内閣発足から三ヶ月後の明治三四年九月、表向きは一私人としてであったとはいえ、対ロシア交渉などのために外遊すると、松田正久《まつだまさひさ》とともに院内総務になっていた尾崎は、彼自身の回顧によれば「伊藤公は洋行に際し、留守中の政治的懸引《かけひき》に付ては、何等の注文もなさず、出発した。私はそれを、白紙の委任状であると解した。〔中略〕若し桂公を援けるのならば、その訓令を与へねばならぬ。そこで公が黙つて出発したのは、留守中に桂内閣を倒せといふ意味だと解釈」して、政友会を桂内閣との全面対決に誘導したものの、内応者が多数出たため失敗した。自由党―憲政党系以外から入党した外様として、功に逸《はや》ったのだろうか。

ところが、翌年暮れに開幕した議会では海軍拡張案・地租増徴案をめぐり桂内閣と政友会が対立し、解散・総選挙（投票は明治三六年三月一日）となったのだが、選挙終了後、政友会総裁である伊藤博文が、原敬・松田正久らに交渉させて桂内閣との間にあっさり妥協を成立させてしまう。これに反発した尾崎は脱党、同志研究会という小会派に身を置くことになった。自分は政友会では驥足《きそく》を伸ばせそうもない――おそらくそう感じたのだろう。彼もまた、再び頭をもたげる機会をうかがっていたはずである。

尾崎を失望させた伊藤も、尾崎の脱党から間もなく、思わぬ痛手を蒙っている。伊藤が元老であり、衆議院で多数を占め続けている政友会の総裁でもあるという、重苦しい状況を打破しようとした桂太郎が、山県有朋・松方正義などの協力を求め、巧みな策謀によって伊藤を枢密院議長に祭り上げてしまった（明治三六年七月）。枢密院は天皇の唯一の諮《し》詢《じゅん》機関であり、党派的立場を離れて国家的見地に立たなければならないのであるから、そのトップである枢密院議長が政党総裁を兼ねることはできなかった。伊藤はこれで、政友会総裁であるという、有力な政治的基盤を失うことになったのである。

このように、それぞれ現状に不満を持ち、失うものも特にない彼らが一時手を組み、「悪戯」を成功させたのである。それでは、「悪戯」しかできなかった状況とは、どのようなものであったか。

対外的危機と閉塞感

桂内閣が苦慮していたロシアとの交渉問題は、二代前の内閣、第二次山県有朋内閣当時に発生した義和団事件に原因がある。事件が満州に拡大したのをとらえて、ロシアは満州の要地を占領し、事件鎮圧後も占領を解かなかった。それは、日本にとって、日清戦争での勝利により清の影響力を排除して得た朝鮮半島での優位を、地政学的に危うくするものであったし、現にロシアは、明治三四年一月（当時は、桂内閣の前の第四次伊藤博文内閣）、朝鮮半島の中立化を日本に打診してくるという挙に出たのである。それはロシアにとっての満州と、日本にとっての朝鮮半島という比較において、著しい不均衡を日本側に甘受させせようとするものであった。こうした状況下において、満州・朝鮮半島をめぐりロシアとの関係をどう調整するか——強大な軍事力を持ち、しかも野心を露わにしている相手を前に、桂内閣は懸命な模索を続けた。

桂内閣は、明治三五（一九〇二）年一月三〇日に日英同盟成立にこぎ着ける。ロシアへの牽制として期待され、この後も長く日本外交の基軸となったのがこの日英同盟であるが、しかし、ロシアへの威嚇・牽制としての効果は一時的で、ロシアは同盟成立から約一年二ヶ月後の明治三六年四月に予定されていた満州からの第二期撤兵（第一期は三五年一〇月）を実行せず、逆に七箇条の撤兵条件を清に突きつけてきた。それどころか、第二期撤兵が反故になるのと同時期、ロシア人及びロシア人に雇われた満州馬賊が、朝鮮半島北部の龍岩浦《りゅうがんぽ》に入り込んで土地を買収、測量と土木工事に着手するという事件まで起きた。

このように、奉答文事件が起こっていた明治三六年という年は、日露関係が緊迫の度を急激に高めていた時期であった。秋山定輔の項で、彼が犬養毅に内閣不信任案の共同提出を持ちかけ、断られたことを述べたが、その際に犬養が理由として持ち出したのは、党員が弱気で解散を恐れているので政府との正面衝突などできない、ということであった。秋山が失望して、それでは議会方針としてどうするつもりか、と問うと、まあ野党共闘、つまり政友会と憲政本党の提携だろう、という、甚だ頼りない答えであった。秋山が「提携の題目は、対外硬より外にはないと思ひますが、如何ですか」と問いかければ、「まアさうだなあ」と、やはり煮え切らない。

秋山のいう「対外硬」とは、明治期において反政府党がしばしば使った政府批判の論理のパターンをさしている。外国に対しては毅然としてあたれという、筋論としては正しく、勇ましいが、現実には採り難い外交方針の実行を迫ることで、政府を揺さぶる論理である。日清戦争時における、陸奥宗光外相の条約改正交渉への攻撃などに典型的に表れている。秋山がこの時念頭に置いていたのは、自身「対外硬、即ち対露硬である」（『秋山定輔は語る』）と吐露しているとおり当然ロシアであり、対露強硬論を主張して桂内閣の弱腰を衝くという戦術だったろう。しかし、その方針で追い詰めて、桂内閣が解散を打ってきた時に果たして選挙に勝てるか、というのがまず問題であった。

外交は票にならない

今もそうであるが、外交問題は選挙の争点に取り上げてもあまり票にならない。戦後では田中角栄《たなかかくえい》内閣が、日中国交正常化へ道筋をつけた直後、昭和四七（一九七二）年一二月の総選挙で伸び悩んだ例が有名である。その三年前、佐藤栄作《さとうえいさく》内閣がアメリカとの交渉を成功させ、沖縄返還を実現した勢いで総選挙に大勝した例は確かにあったが、国際情勢の急激な変化によってもたらされた日中国交正常化と、戦争の重い記憶をともなう多年の課題とを同列には論じられない。

明治三六年末の時点ではどうであったかといえば、それより約一〇年前の日清戦争直前、第三回総選挙（明治二七年三月一日）で陸奥外相の条約改正交渉批判を展開した改進党・国民協会など対外硬派は敗北した例が知られている。条約改正交渉批判が相当な熱度にまで盛り上がっていたにもかかわらず、そのような結果であった。当時は改進党の幹部であった犬養は、それをよく記憶していたはずである。

それに加え、桂内閣が直面していた問題は、日清戦争時に伊藤内閣が抱えていたそれとは比較にならないほど重い。相手はアジアの清ではなく、列強の一角ロシア。争点は、朝鮮半島での優越した位置を占めるのがどちらか、などというスケールではなく、満州と朝鮮半島にまたがっている。当然、他の列強の利害が絡まり合う余地も広く、深い。そのような時に政権を揺さぶり、仮に倒したとしても受け皿があるのか、桂内閣を引き継いで重責を担える政権ができあがるのか、外交の一貫性を保てるのか――そう考えれば、犬養の判断は誠に妥当なものだといわざるを得ない。行動を起こす余地があるとするならば、腹に一物秘めた、そして背負う何ものもない少数者の「悪戯」程度しかなかったのである。

何が彼らをそうさせたか

「悪戯」をたくらんだ各々の個人的事情と、なぜ「悪戯」程度しかできなかったかは理解できるとして、「悪戯」で何を得たかったのか、という疑問はなお残る。払うエネルギーと収穫との不均衡はどうにも説明がつかないように映るのである。筆者にも到底断案は下せないが、結局のところ、それは政治に携わる者なら誰もが持っている、生存本能のようなものに求める以外にないのではなかろうか。

政治とは、何らかの威信を身にまとった人物が、その威信に物を言わせて他者を動かしていく営みである。その際の威信には、さまざまなものを想定し得る。過去から現在に至る実績、もしくは、その結果として得たポストかもしれないし、資金調達能力とか人脈といったものかもしれない。時には、ポスト・金・人脈といった生臭いものと無縁であることに由来する清潔なイメージが、威信につながることもあるだろう。そうした威信を備えた者だけが人を動かすことができ、政治の世界で成果をあげることができる。

ただ、この威信は永続するとは限らない。致命的な失敗を犯せば即失う危険があり、また、政治の世界にも世代交代がある以上、時間の経過とともに目減りすることはあり得る。河野や尾崎のように、投票用紙に自分の名前を書いてもらう必要があり、その際に運動資金などに多くを望めないとなると、自分の個人的人気や名声に敏感にならざるを得ない。選挙というものが、かなりな程度人気投票になることは否定し得ないからである。したがって、忘れられたりしないように、常に自分の存在をアピールする必要に迫られる。

不適切な表現かもしれないが、その点は芸能人に似ているといえるかもしれないし、逆にいえば、そうであるからこそ、まさに芸能界のように、自己を発信する能力と欲求の豊かな者だけが生き残っていけるのかもしれない。その観点から見ると、奉答文事件に関わったトリックスターたちは、皆それなりにしぶとく政治家人生を生き抜いている。

トリックスターたちのその後

伊藤博文は、よく知られているように事件から六年後、明治四二年（一九〇九）年にハルピン駅頭で暗殺された。政治家としての絶頂期こそ過ぎていたものの、日露戦後においても、伊藤を首班に担ぐ政権構想が政界の一部から漏れ聞こえてくるなどということはあった。元老の中でも井上馨や山県有朋、松方正義より若く、外遊経験が豊富で、健康面にも特段の問題の無かった伊藤が、悲運に遭うことなく明治の次の時代にも生きていたらどうだったか――それを想像させる存在感を、なお残していたように思う。

秋山定輔は奉答文事件による解散にともなう総選挙でも当選したが、その直後の第二〇回帝国議会（明治三七年三月二〇日～二九日）で、ロシアのスパイではないかという疑惑を追及され（「露探《ろたん》事件《じけん》」と呼ばれる）、代議士を辞職した。追及の主体が桂内閣支持党である大同倶楽部である点から見て、桂内閣の報復であった可能性もある。

その後の秋山は、主として政界の黒幕として活躍し（大正四年の第一二回総選挙で当選し、短期間の政界復帰を果たしている）、昭和二五（一九五〇）年まで生きた。その間、大正政変時には桂太郎による立憲同志会設立の裏面で動き（奉答文事件の経緯からすると、信じられない転身ぶりであるが）、昭和になってからは近衛文麿《このえふみまろ》の新体制運動に関与した。孫文《そんぶん》や蔣介石《しょうかいせき》とも交流があり、中国問題にも深い関心を有していた。政界の裏面に身を置き、何ものかを動かすことに喜びを見出していたのであろうか。

河野広中は、日露戦争の講和条件を定めたポーツマス条約に反対して明治三八年九月起こった暴動・日比谷焼き打ち事件を煽動したとして、兇徒《きょうと》聚衆《しゅうしゅう》罪《ざい》に問われた（翌年に無罪が確定している）。河野には、やはり運動が似合った。

それから八年後、彼は大きな転機を迎える。政友会を与党とする第二次西園寺公望内閣が陸軍の二個師団増設要求を拒否して倒れ、代わった第三次桂太郎内閣が、第一次護憲運動の総攻撃を浴びると、桂は従来から計画していた政党結成に着手した。その桂新党――立憲同志会は桂が退陣し（大正政変）、死去した後の大正二（一九一三）年一二月に発足した（上述のとおり、秋山もこれに関与していた）が、河野はこれに参加した。秋山同様、かつて弾劾した桂に接近したことになる。節操が無いといえばそれまでだが、彼としては経歴をリセットし、外様《とざま》扱いから逃れる選択をしたことになろう。彼が身を置いていた立憲国民党（憲政本党の後身）は、この時に犬養派と反犬養派に分裂し、後者が立憲同志会に走った。河野としては、自分を白眼視している犬養から離れる好機と考えたはずである。

この選択が、河野に生涯ただ一度の大臣の座を与えてくれた。大正四年一月、立憲同志会を与党とする第二次大隈重信内閣の農商務大臣に就任し、翌年一〇月まで務めている。前出の河野の獄中時代の友、井上敬次郎の回想（前掲「井上敬次郎氏談話速記」。昭和一三年一二月二三日談話）によると、河野大臣に仕えた次官の上山満之進《かみやまみつのしん》が、河野が役所に出勤するのに、自動車や馬車を利用する経済的余裕が無いのを見越して、そのための予算を手当てしてやったという。「債鬼」との縁はまだ切れていなかったのかもしれない。大臣辞職から七年後、大正一二年一二月に七四歳の生涯を終えた。

尾崎は屈折した軌跡をたどる。奉答文事件から七年後、明治四二（一九〇九）年に政友会に復帰している。すっかり大幹部になった原敬からは「彼も口先斗《ばか》りにて案外に無能なれば今は世間にて重きを置く者なし」（『原敬日記』明治四二年一二月二三日）と冷笑されるが、河野とは違った意味で、大正政変の起こした風をつかまえる。次章「「密約」の起源」で触れる桂内閣弾劾の大演説で、一躍、犬養毅と並ぶ「憲政の神様」に昇り詰める。桂が退陣し、薩派・政友会連立による山本権兵衛の組閣が有力視されると、長州閥の代表たる桂の打倒を旗幟《きし》に護憲運動を戦ったのに、薩摩閥の巨頭である山本と結びつくのは筋が通らず、と尾崎は政友会から二度目の脱党をする。原などが交渉力を生かして山本内閣を成立させる流れができれば、自分の出番が無くなることを見通していたのである。

しばらくの間をおいて、尾崎は第二次大隈内閣発足とともに司法大臣となった（当時は中正会という小会派に所属。同会は、大隈内閣の与党の一角であった）。約一年後には河野広中が入閣しているから、奉答文事件の当事者同士が同僚となったのである。その後も尾崎は軍縮など、巧みにその時々の魅力的なテーマを手掛け、大正後期からは大政党からは遠ざかっていったものの、その分、自らを祭り上げるかのように憲政のシンボル的な存在となっていった。戦前から戦後にまたがる二五回連続衆議院議員総選挙当選というアンタッチャブルレコードは、誰も文句のつけようのないものである。

最後に――奉答文事件で助演男優賞ものの名演技を見せた林田亀太郎のその後についても簡単に触れておこう。林田は、大正四（一九一五）年に官を辞し、同九年五月、原敬内閣の下での総選挙に東京府第二区から出馬して当選、同一一年、犬養毅率いる革新倶楽部に参加。三年後に発足した加藤高明《かとうたかあき》内閣では、法制局以来のキャリアと知識を生かし、普通選挙法案の起案にあたるなどした末、昭和二（一九二七）年に亡くなっている。林田も、活動期間こそ短かったが政治家の道に入ったのである。奉答文事件で政治の面白さに目覚めたためかどうかは定かでないが。

政党と政治文化

「密約」の起源

午後二時約により桂首相に面会し、西園寺の意向として、上陛下の御親任と元老並《ならび》に桂首相に於て適当なりと認めらるゝに於ては後継内閣を承諾すべし、但桂に於て十分の援助あらん事を望む、更迭の時機に関しては次の通常会を無事に通過したる後が適当ならん、又斯くせん事を望むも尚《な》ほ進んで勘考すれば、此通常会中或は種々の故障に遭遇して、桂氏の意思にもあらざる結果を生ぜんも知るべからざれば、寧《むし》ろ通常会前の方彼我《ひが》に好都合ならん、今日より通常会までは三ケ月もある事なれば、大概戦後の処置方針も相立つ事ならん（もし平和に帰せば）との趣旨を述べたり。

（『原敬日記』明治三八年八月二二日）

明治後期から大正中期に至る政治史を探る上での根本史料というべき『原敬日記《はらけいにっき》』の一節である。原敬《はらたかし》は、当時の衆院第一党である立憲政友会の幹部で、松田正久《まつだまさひさ》とともに、総裁である西園寺公望《さいおんじきんもち》を支える立場にあった。その原が、党を代表して、桂太郎《かつらたろう》首相とある交渉にあたっていた際の一節である。比較的意味はとりやすいと思うが、一応、解釈を施すと次のようになる。

午後二時、約束に従って桂首相と面会し、「西園寺の意向としては天皇陛下の御親任がいただけ、また、元老や桂首相に西園寺が後継首班に適任なりと認められれば後継内閣引き受けを承諾する。しかし、その場合、桂からの充分な援助を望みたい。内閣引き受けの時期としては、本来次の通常議会の会期が無事終了した後ぐらいが望ましいと思うが、通常議会の会期中に何か不測の事態が生じるかもしれないことを考えると、むしろ通常議会開会前が桂内閣のためにもわが政友会のためにも好都合だろうと考える。今から通常議会開会まで三ヶ月もあるから、その間には戦後の処理方針も決まるだろう」との趣旨を述べた。

いたって事務的な会話のようで、劇的な要素など全く感じられないが、これが知られている範囲では日本憲政史上初の、政権譲渡密約成立の瞬間なのである。この日、密約の骨子が確定したのであった。

なぜこの密約が結ばれたのか。理由はひとえに日露戦争である。引用した桂・原間の交渉が行われた明治三八（一九〇五）年八月二二日とは、日露戦争の全過程の中でどのような時点かを知るだけでも、そのことは容易に理解できるであろう。

密約の構図

日露戦争の講和を話し合うポーツマス会議が日本側全権・小村寿太郎《こむらじゅたろう》外相、ロシア側全権ウィッテの間で開始されたのは八月一〇日のことで、問題の八月二二日はまだ交渉継続中であった。講和交渉では全一〇回の本会議が行われたが、その内の七回分が終了したところだったのである。したがってまだ合意には達していなかった。最終的に調印に至るのは九月五日である。その時点で政権譲渡の密約が詰めの段階まで来ていたのである。

このことからうかがえるように、密約は直前になってにわかに浮上したものではなく、日露両国の間で激戦が展開されていた最中から、原と桂との間で交渉が開始されていたのであった。その中で原は、政友会が桂内閣を支持する代償として、桂は戦争終了後に政権が西園寺に譲り渡されるよう配慮し、また政権譲渡にあたり元老・山県有朋《やまがたありとも》に斡旋するよう要求した。これを桂が受け容れた結果、明治三八年八月二二日の結実をみたのである。

政友会が政権をめざすのは政党である以上当然として（政友会は、創立直後の明治三三年一〇月に当時の総裁・伊藤博文が第四次内閣を組織したものの、翌年五月に財政問題のつまずきから総辞職し、以来四年間政権から遠ざかっていた）、桂がなぜこの密約に踏み切ったかといえば、日露戦争の展開と決着に展望と自信とが持てなかったからであった。

画期としての日露戦争

平成一六（二〇〇四）年が日露戦争勃発から一〇〇周年にあたっていたため、その前後においては日露戦争再考もしくは再発掘といった、学会関係のイベントが多く開催された。それらを通じて改めて浮上したのは、日露戦争の世界史的画期性である。

機関銃の初の本格的使用例といった戦史上の意義がそもそも大きく、また当事国であった日本・ロシア両国が、戦争遂行の過程で文字どおり総力戦的な消耗を強いられたこと、さらに、日本と日英同盟を結んでいたイギリス、ロシアと露仏同盟を結んでいたフランスだけでなく、英仏両国より退いた立場にあるとはいえ、アメリカ・ドイツも多大な関心を以て戦争の展開を注視していたという点も注目された。これらの現象を踏まえて、日露戦争を「第零次世界大戦」（WORLD WAR ZERO）とする視角が提唱されたのである。

これほどの大戦争であったから、桂内閣としても最終的に勝利を得られるかどうか、勝ったとしてもどの程度の勝利か、どれだけのものをロシアから得られるかという点について、明確な見通しを立てられる状態になかった。したがって、桂としては眼前の戦争は当然重要であるとして、自らの政治生命の維持のためにも、戦後に向けて布石を打っておかなければならなかったのである。それは、衆議院の第一党である政友会を味方につけておく——少なくとも、敵にはまわさないようにしておくことであった。

そのような動きが明確になったのは明治三八年八月頃、ポーツマスにおける日本とロシアの講和交渉が開始され、それが日本側を充分満足させるような内容にはならないことが次第に明らかになる時点であった。そして、政友会を引き寄せる手段が、ロシアとの講和成立後、時期を見はからっての、政友会総裁・西園寺公望への政権譲渡だったのである。

模範的で堅い密約

この桂と西園寺の間の密約こそが、以後も政局の節目で時折妖《あや》しく躍る政権譲渡密約の、史料上明らかな最初の例であったことは間違いない。しかし、後の密約とは相当異なる性格のものであったことも事実なのである。どのような点においてそうなのであろうか。

第一に、忠実に履行されている。第一次西園寺公望内閣が桂から政権を譲られて発足したのは明治三九年一月七日、第二二回帝国議会開会直後のことであった。だとすると、政権譲渡は通常議会開会前という、西園寺の提起した条件に厳密にいうと反していることになるが、開会は三八年一二月二八日で、当時の慣習だと通常議会は暮れに開会してすぐ年末・年始にわたる休みに入るため、一月七日なら開会前と実質的には変わらない。

第二に、この密約が忠実に履行されたことは、いわゆる「桂園《けいえん》時代」（ここでは、密約が

図10　桂太郎（国立国会図書館「近代日本人の肖像」）

図11　西園寺公望（国立国会図書館「近代日本人の肖像」）

履行された明治三九年一月から第二次西園寺内閣退陣の同四五年一二月の約七年間とする）と呼ばれる、官僚閥を率いる桂と、安定的に衆院第一党の座を占め続けた立憲政友会の総裁・西園寺公望が、交互に政権を担当した時代の出発点となったことである。それはあたかも、この日露戦争終局時の密約の効力に持続性があり、一回の政権交代だけでなく、その後の政局にも影響を与えたように映るのである。

「桂園時代」の二つの見方

「桂園時代」について、かつては二つの見方があった。一つは、陸奥宗光《むつむねみつ》や西園寺公望の側近にしてジャーナリスト・歴史家、また政友会代議士でもあった竹越与三郎《たけこしよさぶろう》の著した西園寺の伝記『陶庵《とうあん》公』に示されたもので、桂は山県有朋の後ろ盾を得て、西園寺を陥れ、政友会を圧迫することを狙っている腹黒い人物として描かれる。第一次西園寺内閣の登場も、「桂の腹では、面倒くさいことの嫌ひな西園寺は、この難局を引受くる気づかひはないから、退避するであらう、退避するならば、しからば余はいやいやながら難局に当るべし、君は政友会を率ゐて、余を助けよと釘をさすつもりであつた」という解釈である。竹越の描く桂は、議会対策では西園寺率いる政友会に頼りながら、密かに憲政本党など他党に手を回して、自分の支持党をつくることを常に企んでいるのであった。

一方、それとは対極的な「桂園時代」像を描いたのは、近代日本を代表するジャーナリストにして歴史家、そして、一時はその経営する出版社・民友社で竹越を雇用していた徳《とく》富蘇峰《とみそほう》である。徳富は、日清戦争の時の三国干渉に憤激して強硬な国家主義者・対外膨張主義者に転じ、山県有朋・桂太郎といった権力者に接近したことで知られており、山県・桂、さらには松方正義《まつかたまさよし》などの大部な伝記は徳富の編纂によっている。権力者に接近した分、普通の歴史家なりジャーナリストでは閲覧の便宜など得られない史料にもアクセス可能で、それで彼が手掛けた伝記は史料的価値が高いのであるが、その徳富の著書『大正政局史論』の中の「桂園時代」像は、竹越とかなり違う。それによれば、「明治三十六年より四十五年に亙《わた》る、約十年間は、桂、西園寺の天下と云ふも、溢言《いつげん》にあらざりし也。桂、内閣

料金受取人払郵便

本郷局承認

6427

差出有効期間
2026年1月
31日まで

郵便はがき

113-8790

東京都文京区本郷7丁目2番8号

吉川弘文館 行

愛読者カード

本書をお買い上げいただきまして、まことにありがとうございました。このハガキを、小社へのご意見またはご注文にご利用下さい。

お買上 **書名**

＊本書に関するご感想、ご批判をお聞かせ下さい。

＊出版を希望するテーマ・執筆者名をお聞かせ下さい。

お買上 書店名	区市町	書店

◆新刊情報はホームページで　https://www.yoshikawa-k.co.jp/

◆ご注文、ご意見については　E-mail:sales@yoshikawa-k.co.jp

ふりがな ご氏名	年齢　　歳　男・女
〒□□□-□□□□ ご住所	電話
ご職業	所属学会等
ご購読 新聞名	ご購読 雑誌名

今後、吉川弘文館の「新刊案内」等をお送りいたします(年に数回を予定)。
ご承諾いただける方は右の□の中に✓をご記入ください。　□

注 文 書

月　　日

書　名	定　価	部　数
	円	部
	円	部
	円	部
	円	部
	円	部

配本は、○印を付けた方法にして下さい。

イ. 下記書店へ配本して下さい。

(直接書店にお渡し下さい)

(書店・取次帖合印)

書店様へ=書店帖合印を捺印下さい。

ロ. 直接送本して下さい。

代金(書籍代＋送料・代引手数料)は、お届けの際に現品と引換えにお支払下さい。送料・代引手数料は、1回のお届けごとに500円です(いずれも税込)。

＊お急ぎのご注文には電話、FAXをご利用ください。
電話 03―3813―9151(代)
FAX 03―3812―3544

に立てば、西園寺は政友会を率ゐて、之を衆議院に援護し、西園寺、内閣に立てば、桂は其の党与とも云ふ可《べ》き、貴族院の多数と与《とも》に、之を幇助したり」ということになる。

それでは、現在の日本近現代政治史研究の世界ではどう解釈しているかといえば、徳富の描くイメージを是としている。竹越的「桂園時代」像を信じている研究者はいない。絶滅危惧種どころか、絶滅している。

原因は、史料の解析や政策決定過程の分析が進んだことと、それによって、山県・桂は全く一体となって陸軍や長州閥を握り、政党を忌避する旧勢力の代表といった先入観が、全く払拭されたことによる。

ちなみに、第一次西園寺内閣の次の第二次桂内閣において、蔵相も兼任した桂のもとで大蔵次官を務めた若槻礼次郎《わかつきれいじろう》の回想は「いったい桂公と西園寺公の仲は、このまえの西園寺内閣のときは、桂公がこれを助けた。それは西園寺公は政友会の総裁であるから、衆議院の方は大たい思うようにいくが、貴族院はそうはいかない。時につむじを曲げる。桂公は貴族院に同志が多いから、そういうときにうまく話をまとめる。この両者の間というものは、実にお互いによく理解し合っている」（『明治・大正・昭和政界秘史　古風庵回顧録』）である。徳富の描くところと若槻の回想との符合ぶりは驚かされる。

一度の密約をきっかけに、桂・西園寺両者の政権交代時代が定着した原因は、いかなるものであったろうか。

「桂園時代」のメカニズム(1)

第一に挙げなければならないのは、桂・西園寺間にあった世代的連帯感である。彼らは、維新の第二世代という点で共通していた。伊藤博文や山県有朋ら第一世代と、桂・西園寺との違いは、単純に年齢の問題ではなく、幕末から戊辰戦争当時どれだけの働きをしたかにある。山県が北陸・会津方面の戦闘で参謀となり、事実上作戦面の最高責任者であったのに対し、桂は東北方面の戦闘に中隊長クラスとして参加したものの、指揮ぶりは目覚ましいものではなかった。実戦の指揮官としての彼の評価は、一貫して高くなかった。最初このように後《おく》れをとると、差を埋めるのは難しい。王政復古から戊辰戦争の中での働きは、強力な篩《ふる》い分けの基準であって、そこでの格差は簡単に取り戻せないのであった。

それを意識した結果と思われるが、桂は明治新政府成立から間もなく留学している。戊辰戦争で得た、いわば御褒美の賞金を旅費とした私費留学であったが、当初目的地としたパリには普仏戦争の混乱のために入れず、ベルリンに変更している。そこでの勉学で、桂はドイツの軍事制度、具体的には参謀本部という、平時においてもさまざまなケースの戦争を想定して作戦を練っておく機関が、行政機関としての陸軍省とは別組織として独立している仕組みに感銘を受け（ドイツと普仏戦争を戦い、敗北したフランスなどは作戦部門が分離されていなかった）、まさにそのような方向での陸軍の改革で手腕を発揮し、頭角を現していった。帝国議会開設時、桂は陸軍次官になっており、議会答弁に立っている。

一方、西園寺は、山県が参謀として働いた北陸・会津方面の戦闘で、総督を務めた。総督はトップではあるが、二〇代前半の公家出身者で実戦経験の無い西園寺が作戦や用兵に通暁《つうぎよう》していようはずはなく、あくまで名目上の司令官である。その西園寺は、明治新政府成立後にどのようなキャリアを踏んだか。

早い段階でフランス留学を考えたのは桂と共通している。ただ、最初は軍人志望であったのを、法律・政治方面に進路を変えた。留学（官費）では、出発が桂より遅かったのが幸いし、明治四（一八七二）年にパリに入ることができた。そこは、ナポレオン三世による第二帝制が崩壊した混乱時代で、パリ・コンミューンを目の当たりにすることになる。ソルボンヌ大学に学び、同じ留学生であった中江《なかえ》兆民《ちようみん》らと交友関係を結んだりもした。

一〇年の留学期間を終え、帰国するや中江、後に政友会の幹部となる松田正久らとともに、穏健とはいえ民権運動陣営に属する『東洋自由新聞』の立ちあげに参加し、社長となって、政府や天皇周辺を驚かせる。パリ・コンミューンに共鳴したのではないが、民権運動に共感を持つ程度には開明的であった。天皇の命令によって退社した後は伊藤博文《いとうひろぶみ》の憲法調査の外遊に同行し、以後外交畑を歩んだ。伊藤と行動を共にすることが多かったので、自然に伊藤系と目されるようになり、陸奥宗光とも親しい関係を築いた。最初の入閣は日清戦争勃発の年、明治二七年の第二次伊藤内閣の文部大臣就任である。病気で辞任した井上毅《いのうえこわし》の後任で、二年後に外務大臣の陸奥がやはり病気で退くと、外務大臣も兼務した。

相似形の経歴

このように見てくると、桂と西園寺の経歴は似ている。戊辰戦争の際に充分な功績を挙げることができず、明治になってから間もなく同時期に留学し、そこで身につけたもの、桂ならドイツ軍制の知識、西園寺はソルボンヌで学んだ政治・法律の最新知識を生かして立身を遂げていった点は共通しているのである。そこに、両者が同志的な関係を築く素地があった。年齢は西暦換算だと桂が一歳上なだけで、この意味でも全くの同世代である。

この西園寺と桂が同じ内閣に顔を合わせたのは明治三一年に成立した第三次伊藤博文内閣で、西園寺はまた文部大臣となり、桂は初入閣の陸軍大臣であった。西園寺は当然伊藤首相と良い関係にあり、桂もまた伊藤に協力的であった。桂は、同じ長州出身で陸軍でも先輩であった山県に引き立てられたのだが、山県ほど政党に対してアレルギーは持たなかった。桂・西園寺が同時に閣僚として列したこの第三次伊藤内閣にとって最大の懸案は、軍備拡張と産業振興のための財源を得ることであり、そのための方策が地租の賦課率を、従来の地価の二・五％から引き上げること、つまり地租増徴であった。税収が思ったほど伸びなかったといったような事情で、日清戦争の勝利で清国から得た賠償金だけでは当初の計画遂行にはとても足りず、歳入欠損が生じることが確実になっていたからである。

伊藤は、自由党と進歩党（改進党の後身）という二大政党を、自由党の板垣退助《いたがきたいすけ》、進歩党の大隈重信《おおくましげのぶ》の二人の党首をともに入閣させて味方につけ、地租増徴案の議会通過を図ろうとしていた。桂は陸軍大臣として、陸軍の至上課題で最大の利益となる軍備拡張実現のために、その構想を支持している。地租増徴ができれば軍備拡張の速やかな実現が図れる、そのためであれば政党を政権に迎え入れるのは一向に構わないと考えていたのである。このような経験を通して、桂・西園寺両者は信頼関係を築いていったと推測される。

「桂園時代」のメカニズム(2)

このように密約が無事履行され、桂園時代をもたらした要因について、もう一つ注目すべきは内閣交代時の手続きである。密約が発動した政権交代は、それまで慣習としてとられてきた手順が踏まれなかった。

従来は、元老たちが協議した上で後継首班を決め、それを天皇に推薦する形式がとられてきたのだが、この時は元老の会議に代わり、桂首相が伊藤博文・井上馨《いのうえかおる》・山県有朋・松方正義の四人の元老の承認を個別に取りつけ、単独で西園寺を後継首班として天皇に推薦した。いわば、持ち回り元老会議であるが、この時だけ異例な方式がとられたのではなく、以後、桂園時代といわれる期間を通して政権交代の際に改まった元老会議は開かれず、桂が退く際には、桂が元老の意向を聞いた上で天皇に西園寺を推薦し、西園寺が退く時には、西園寺が辞表捧呈《ほうてい》と同時に桂を天皇に推薦し、それを受けて天皇が元老たちに下問するという手順が踏まれた。

シンボル化する元老

こうなった背景は、元老がもう権力を実際にふるう存在ではなくなり、権力のシンボル的な存在となりかかっていたという事情が大きい。日露戦争が行われていた時、元老たちがどのような位置で何をしていたかといえば、伊藤博文は枢密院議長として天皇を支え、山県有朋は参謀総長として作戦面での最高責任者となった。井上馨と松方正義は財政通の元老として戦費調達その他に尽力した。もう一人の元老・大山巌《おおやまいわお》は満州軍総司令官として前線に赴いている。しかし、元老たちが責任あるリーダーシップをふるったのはこれが最後の機会であった。彼らがこのような役割を果たしたのは文字どおり戦争という非常時だったからで、伊藤が最後に首相を務めた時から三年、山県の場合も四年が経過していた。戦争が終われば彼らの出番は無くなり、彼ら元老は権力の担い手というよりは権力の象徴となり、権力を握って何事かをなすというよりは、もっぱら調整役を果たすようになった。

そうなると、戦争をやりとげ、勝利をもたらした主役は首相である桂だ、という事実が重く残った。ポーツマス条約では賠償金がとれず、樺太の南半分の割譲その他不満の残る条件に甘んじたが、もとより日本には戦争を継続する余力など残っておらず、賠償金が厳しい見透しであることは、元老らも含めた共通認識であった。そのような立場を生かし、桂は西園寺への政権譲渡を成功させ、以後、元老主導ではない政権交代への道筋をつけた。

これに関連して見逃せないのは、この政権交代が桂と西園寺との連係プレーでなされたと思われる節があることである。冒頭に掲げた『原敬日記』が伝える、後継内閣引き受けにあたっての西園寺の意向を改めて読んでみると、天皇及び元老に加えて、桂首相の同意があるなら組閣を引き受けてもよい、ただし、桂が充分援助してくれることを望むと言っている。それまで、政権交代に際し、これから退く予定の首相の支持が重要な意味を持つなどという例はほとんど無く、また、退任予定の首相の援助を望む旨を、次期首相候補が表明する例なども同様であった。桂の立場の強さを示すものであるが、桂・西園寺の同志的関係を考えると、西園寺がこのような言葉を吐き、桂がそれに応じて西園寺組閣のために動くというのは予定の行動であった可能性が高い。桂・西園寺以外の組閣候補が育っていなかったこともあり、この時の政権交代だけでなく、将来的にも両者でこうした政権交代を繰り返していくことが、史料上確かめることこそできないものの、この時の密約の裏にあった桂・西園寺間の暗黙の了解、言葉にしない密約だったのかもしれない。

付け加えると、西園寺が望んだ桂の援助は、西園寺の組閣の際に確かに行われている。桂から政権を引き継いだ西園寺内閣は、与党政友会からの閣僚は西園寺首相・原敬内相・松田正久蔵相の三名だけで、あとは官僚出身者であった。政友会に人材が不足していたという事情があり、官僚出身者が多数を占めたのであるが、その官僚出身者の多くは桂の力で入閣させたものと推測される。西園寺内閣を縛り、自由にさせないためというよりは、西園寺内閣に失敗をさせないためととらえるのが正しいであろう。決定的な失敗をされれば、将来予定している桂・西園寺間の政権交代方式が円滑に運ばなくなる恐れがあるからであった。交代方式の定着は、こうした用心の賜《たまもの》であった。

「桂園時代」が目指された理由

それでは次に、何故、密約という明朗さを欠く手段を使ってまで、このような政権交代方式を桂と西園寺が目指したのかを考えなければならない。それは、第一に世代交代の円滑な実現である。桂は特にその問題に強い関心を抱いていた。桂は、戦前の総理大臣として自伝（『桂太郎自伝』〈平凡社東洋文庫〉）を残している数少ない人物であるが、その自伝の中で彼は、陸軍は次代を担う人材を意識して育てている、ところが、政府の最高指導者たちはその点への配慮が足らないのではないか、最高指導者たちは皆同年配なのだから衰える時が来れば皆同時に衰えてしまう、それでよいのか、と訴えている。

桂・西園寺と伊藤・山県らは、年齢的にさほど離れていない。長州出身者の中の比較がわかりやすいので例にとると、桂は伊藤の後継首班として初めて組閣したが、その伊藤との年齢差は西暦換算なら七歳に過ぎないし、陸軍出身という点で共通したキャリアを持つ山県と比較しても同様に一〇歳しか違わない。その桂は五〇歳を過ぎてやっと首相の座にたどり着いたが、実は、明治三〇年代から大正中期までの日本人男性の平均寿命は四〇代前半から半ばぐらいだった（厚生労働省HPによる）ので、当時の感覚では五〇代に入ればかなり高齢だったのである。だから、桂が自伝の中で訴えているのはあながち杞憂ではなかった。桂が、藩閥の最高指導者は年齢が接近しているから、衰える時は皆一斉に衰えてしまうではないかと言っているのは、その裏に、先輩たちに何時までも頭を押さえられていれば、自分ら後進の者たちも、責任ある地位に就く前に年をとってしまう、困るではないか、という論理が隠されているのである。

第二の、さらに重要な原因としては、円滑な政権交代を望ましいとする時代の要請があったことである。無用な紛争がおこり、政治的空白なり大きな変動があったりしてはならない。桂と西園寺との間に、そのような暗黙の了解が存在したのはほぼ間違いない。

日露戦後の財政難の中、外はロシアの復讐戦への備えと満州経営、内は本来日露戦争時の臨時措置である増税を戦後も継続しなければならないことで鬱積《うっせき》する、国民の不満への配慮が課題となる環境にあって、最大限に慎重かつ堅実な政治運営が追求されたのである。

密約により組織された第一次西園寺内閣は二年半後の明治四一（一九〇八）年六月、戦後不況到来による財政の行き詰まりで退陣したが、桂は自分なら収拾可能と元老を説得して政権を継承し、第二次内閣を率いた。この政権は、条約改正完全達成・韓国併合・日英同盟更新などを実行し、花道を退くかたちで第二次西園寺内閣にあとを委ねた。政策の転換点における合理的な政権交代であり、密約の延長線上の静かな政権交代であった。

合理性は政権交代にとどまらない。重要政策の一つで官僚閥・政友会間で利害の一致していた鉄道拡張は、政権交代と無関係に一貫性を保つよう暗黙の合意がなされていた。付け加えると、この間、一度も衆議院が解散されることなく、任期満了による総選挙が二回連続した（明治四一年・四五年）。これは、戦前・戦後を通じても空前絶後のことであり、密約が守った安定性を象徴するものであった。

消える効力

密約によるこのような安定は、六年後に亀裂が入りはじめた。原因は、一方の担い手である桂の側にあった。第一に西園寺に対する彼の評価が下落したこと、第二に、元老にして陸軍の大御所であり、庇護者であった山県との関係が冷却したことである。

西園寺の力量に桂が懐疑的になった理由は、中国情勢の激変と、それに対応すべき大陸政策の展開にあった。一九一一（明治四四）年一〇月に端を発し、翌一二年二月の清朝滅亡に至る辛亥革命《しんがいかくめい》である。中国に権益を有する列強相互の関係に甚大な影響を及ぼしかねない、この事態への第二次西園寺内閣の対応に、桂は強い不満を持った。

山県との関係が冷却化したのは、一つにはいわば宿命的なものであった。権力者とは勝手なもので、自分の下に多くの有能な人材が集まり、競い合って自分を助けてくれることを望むが、その忠誠競争を勝ち抜いた誰かが突出し、自分の座を脅かすことは好まない。山県も、自分の傘下からはみ出す傾向を見せた桂を警戒するようになった。それに加え、西園寺との関係同様、辛亥革命の影響もあった。桂は、山県が大御所として影響力を持ち続けることで、陸軍が中国情勢に対応しきれなくなるのを憂いたのである。

これらの要因により、桂は、西園寺・山県両者から離れた位置に立ち、独自の勢力基盤を背景に自らの対中国政策を展開する必要を感ずるに至った。パートナー西園寺も恃むに足らず、陸軍を含む官僚閥を率い続けても、山県の存在がストレスになる。そうした障害を避け、自らの責任において、思うような対中国政策を展開するにはどうしたらよいのか。その問題に対して桂の出した回答が、自ら新しい政党をつくり、率いることであった。桂は、第二次内閣を退いた翌年、外遊に出かけた。

「桂新党」の萌芽

後藤新平《ごとうしんぺい》、先に名前を挙げた若槻礼次郎らわずかな同伴者を引き連れ、ヨーロッパを回る予定であった。シベリア鉄道経由でロシアのペテルスブルクをまず訪問し、そこから欧州各国へというコースであり、目的は、主として議会政治と政党の視察・研究であった。近い将来の自らの政党結成を視野に入れてのことである。ところが、ペテルスブルクに着いたところで明治天皇が重病の床に就いたとの知らせが入り、急遽帰国した。待っていたのは内大臣兼侍従長就任である。天皇のお側近くに仕える職で、政治活動は事実上封じられる。桂を警戒する山県の策謀であった。しかし、これは逆に桂の、政党結成とセットになった次のステージへの野心を刺激し、大正政変へとつながる。

変わる大正政変像

大正政変とは、大正元（一九一二）年一二月成立の第三次桂内閣が、翌年二月に「憲政擁護・閥族《ばつぞく》打破」を掲げた議会外の民衆運動（第一次護憲運動と呼ばれる。政友会以下政党も参加したが、民衆に引きずられたかの如く及び腰であった）により倒れた事実をさす。かつての大正政変のとらえ方は、次のようなものであった。陸軍が中国情勢流動化への対応として、二個師団増設を第二次西園寺内閣に要求したが、行財政整理を推進しようとしていた西園寺内閣はそれを容れなかった。態度を硬化させた陸軍は、上原勇作《うえはらゆうさく》陸相が辞職し、後任を得られなかった西園寺内閣が総辞職を決行する。その後は、本来政治活動を慎むべき内大臣兼侍従長・桂が宮中を出、第三次内閣を組織するという異例の展開となった。それが大御所・山県を頂点とする陸軍の、あくまで二個師団増設を強行しようという横暴だと認識した民衆の怒りを買い、第一次護憲運動を招いた。桂は急遽、苦肉の策として新党結成によりそれに対抗しようとしたが、結局大正二（一九一三）年二月、退陣せざるを得なくなった。

だが、一九八〇年代以降の研究の進展により、このような解釈は成り立たなくなった。現在の大正政変像は次のようなものである。

二個師団増設は決して財政上無理な要求ではなく、陸軍自らの身を切る行政整理と、既定継続費繰り延べで財政上の手当はつく見通しであった。ところが、西園寺内閣は、超弩級戦艦整備の面で世界の趨勢に後れをとりたくない海軍の拡張計画に好意的で、陸軍のそれは抑制される可能性が強くなった。それでもなお、山県などは西園寺内閣が最終的に妥協するだろうと見ていたが、そこで桂が動く。宮中に押し込まれたまま逼塞する気などさらさらなかった彼は、上原陸相や田中義一《たなかぎいち》陸軍省軍務局長を指嗾《しそう》し、西園寺内閣との全面対決に踏み切らせたのである。桂自身は、二個師団増設問題などに特段の思い入れはなかった。西園寺内閣が二個師団増設問題により退陣すれば、同問題と縁が薄く、どの勢力からも等距離にある自分が、最も無難な組閣候補になり得ると見越していたのである。組閣後、裏事情を知らない民衆運動の攻撃目標になったのは計算外であったろうが、新党計画は、退陣直前の一月下旬に明らかにしたことで誤解される面もあったとはいえ、決して苦し紛れの窮余の一策などではなく、機会をとらえて、かねての計画に着手したということであった。

かくして密約の効力は雲散霧消《うんさんむしょう》した。桂・西園寺間の個人的な信頼関係が損なわれ、しかも、桂が西園寺と同様に政党を率いることを考えたため、互いの支持基盤は食い合わないという幸福な状態も失われる見通しが決定的となった。将来的に選挙で争わなければならない以上、従来のようにはいかなくなるのは必然であった。

しかし、それでも政権譲渡密約の起源にして当事者間に信頼関係があり、政治状況ともマッチした、稀にみるほど堅く持続性のある、格調高い密約としての意義が失われることはない。次の密約からは、恐ろしく程度の低い、悲喜劇としか評しようのないレベルに落ちる。その点は、後出の「床次竹二郎《とこなみたけじろう》の未練」で詳述するであろう。

政党リーダーたちの金の作法

1　取れといふのに、なぜ取らぬかッ。（尾崎行雄『日本憲政史を語る　上』）

2　彼等にしたつて、金だけ貰つて追ひ返されたのでは身も蓋もない。それでは余り気の毒だから、たゞ聴くまねをしてやつてゐるのだよ。（内田信也『風雪五十年』）

3　くれてやるという姿勢は、間違っても見せるな。カネは受け取る側がじつは一番つらい、切ない。相手のメンツを重んじられなくてどうする。土下座するくらいの気持ちで、受け取っていただくということだ。こうしたカネなら生きたカネになる。（後藤謙次監修『人を動かす天才　田中角栄の人間力』）

今回登場するのはトリオである。しかも、テーマはいたって怪しく生々しい、金の話である。政治の世界で流れる金は、出所も使い道も危ないものと相場が決まっており、日本近現代政治史上でも多くの汚職・疑獄事件の類が知られている。しかし、そのような金であろうとも、動かすにあたっては一定のルールなり仁義があり、名をなした政党リーダーたちは、いずれもそれを守っていたように映るのである。

図12　星亨（国立国会図書館「近代日本人の肖像」）

金にも渡し方がある

日本憲政史上、巨額の政治資金を集めて政権党を率い、利益誘導的政治手法を全面的に展開したことでも知られる三人の政党リーダーの、金銭に対する感覚が表れたことばを選んだ。共通するものが流れているのではないか、と考えたためである。

一番目は、明治三三（一九〇〇）年成立の第四次伊藤博文内閣で逓信《ていしん》大臣となった星《ほし》亨《とおる》（自由民権運動時代以来の自由党幹部。当時は与党・立憲政友会で、総裁の伊藤にかわり実質的に党内を掌握していた実力者であった）が、逓信省の部下を手なずけるため、用事も無いのに自宅に呼び寄せ、「君も困つてるだらうから、これを持つてゆけ」と金を渡そうとし、驚いて辞退する相手に、無理やり受けとらせる時に発した言葉だという。当時は星と同じ政友会にいた尾崎行雄《おざきゆきお》が、逓信省の役人から聞いた話として書きとめている。

二番目は、星が暗殺された後にその政治的遺産（派閥その他）を引き継ぎ、大正に入ってから政友会第三代目総裁となった原敬の口から出たものである。金の無心のために原の私邸を訪れる多くの客の、照れ隠しのごとく天下国家を論ずる長々しい前説に、原が辛抱強く耳を傾けてやっている光景を見かねた内田信也《うちだのぶや》（第一次世界大戦で巨富を得た船成金で、後に政友会入りした）が、要するに金が欲しいのだからさっさと金をやって追い返せばいいじゃないか、と助言したのに対し、原が答えた言葉である。

図13　原敬（国立国会図書館「近代日本人の肖像」）

この二つは印象がかなり違うのだが、相通ずる要素もあることを、三番目の、秘書・早坂茂三《はやさかしげぞう》の伝える田中角栄《たなかかくえい》の戒めが、うまく解説してくれているように思える。金は、相手に屈辱を感じさせないように渡さなければいけない

——この原則を、星も原も守っているのではないか。星の言葉からは高圧的な印象しか受けないかもしれないが、彼は元々感情表現において器用な人ではないし、少なくとも、星大臣にあそこまで強く言われたら断れないよなあ、という心理的な逃げ道を結果的に相手に与えている。これはこれで、星流の配慮といえるのではなかろうか。

それぞれの金の集め方

三人と金との関わりについていえば、若き日に恵まれた経済状況になかった点で共通している。

星は左官職人の父親が、星の生後まもなく出奔してしまう悲運に遭い、上の姉は苦界《くがい》に身を落とした末に夭折する運命をたどっている。原は南部藩の家老格の家に生まれたが、主家が戊辰戦争で朝敵となったため、立身には苦闘を強いられた。田中は、父親の事業失敗が原因で、学歴は高等小学校卒であった。ただ、政治家としての資金の集め方は、三人の間で活動期やキャリアによる違いが見られる。

星については、有泉貞夫《ありいずみさだお》の名著『星亨』が詳細に明らかにしている。それによれば、金脈の第一はハワイ移民事業で、移民斡旋業と移民の預金取扱いを業務とする京浜銀行《けいひんぎんこう》が、その担い手であった。第二は、当時、都市インフラの整備・拡張を急激に進めていた東京市であった。これは、代議士である星が東京市会議長を兼務している（今ならこんなことはできないが、当時は可能であった）ことで、インフラ整備事業にともなう種々の利権から政治資金を生み出すことは容易であった。星は、自ら事業を経営することはなかったが、配下の者に京浜銀行の経営を任せ、あるいは東京市会議員に送り込み、自分は強い政治力を発揮して彼らの活動をサポートするかたちをとった。

原の資金源は、星とは異なるはずである。原は明治三八（一九〇五）年に足尾銅山の経営で有名な古河鉱業の副社長に迎えられたことがあったが、これは彼の政治的な恩人である陸奥宗光の子・潤吉《じゅんきち》が当時社長を務めていたことによる人事であって、在任期間も短く、原の有力な金脈として機能したわけではなかろう。原が政友会総裁として強力なリーダーシップをふるった大正中期から後期にかけては、第一次世界大戦による好況などにも後押しされた、戦前の日本資本主義の全面開花期であった。それをさらに積極財政で高い段階に導いたことにより、原は広く厚く、財界からの献金のようなかたちで資金を吸い上げたはずである。それに加え、さまざまな利権に近づくこともいとわなかった。

田中角栄の場合は、星・原とは違い、彼自身が実業家であり、会社経営者であった。よく知られているように、田中は高等小学校卒の低学歴でありながら、一級建築士の資格を得た後、二五歳の若さで田中土建工業を設立して社長となり、戦時中に飛躍的な成長を遂げる。昭和一八（一九四三）年、田中土建の年間施工実績は全国の上位五〇社内に入っており、翌一九年に請け負った軍需工場の朝鮮への移転工事費は当時の金で二〇〇〇万円を越すものであったという。そのようにして得た利益を唯一の手がかりに、田中は戦後政治という、未知の世界――カオスと言い換えられるかもしれない――に打って出たのであった。そして、主として国土開発にかかわる多くの議員立法を主導し、その実績によって政治的地位を上昇させるとともに、多くの政治資金を集めるようになったのである。

つながった系譜

星と原は年齢も近く（六歳違いである）、星が明治三四年六月に暗殺されたあと、政友会における星の派閥と、その政治手法を継承したのが原という関係である。ちなみに、星が暗殺された当日の午前中、政友会本部で将棋を指した相手が原であった。だが、原が大正一〇（一九二一）年に暗殺された時にまだ満三歳だった田中は、当然ながら星・原との間に人脈的・系譜的関係は全くない。

管見の範囲で、その田中を星・原に結びつける視点を最初に打ち出したのは前掲有泉貞夫『星亨』であるように思う。有泉は同書の「はしがき」において「星亨はまぎれもない貧民の子であった。封建的身分秩序が崩壊しなければ、絶対に活動の場が得られない階層の出身であった。明治維新以後、そのような出身で刻苦勉励《こっくべんれい》し経済人として成功した例は他にもある。だが、政界最強の実力者となって、その一挙手一投足に世人の注視が集まり、毀誉褒貶《きよほうへん》が渦を巻いた人物は、ほかには最近の一例を見るのみである」と書いた。

昭和五八（一九八三）年に刊行された『星亨』において、このような文脈で取り上げられる「最近の一例」とは田中以外にあり得ない。昭和五八年といえば、田中が表舞台に立てなくなる直接の原因となったロッキード事件（昭和五一年二月に発覚した、アメリカの航空会社ロッキード社の、日本への旅客機売り込みにからむ汚職事件。田中は、首相就任間もない昭和四七年八月にハワイで行われた、アメリカのニクソン大統領との会談の際、ロッキード社が売り込みを図っていた三機種の導入を約束し、報酬として五億円を収賄したとの容疑で逮捕された）の第一審有罪判決が出た年であり、また、時代はまさに「保守回帰」——一九八〇年代に入って長らく続いた自民党の得票率低下傾向が底を打ち、上昇に転じた現象——の様相を明確にしはじめていた。そのような時代状況が有泉に、自民党の強さの源泉である利益誘導政治の歴史的起源に思いを致させ、その過去と現在を象徴する星と田中とを結びつけさせた、というのは、必ずしも無理な推論ではあるまい。

それから八年後、星・原と田中——というよりは、田中的な政治手法といった方が適切かもしれない——を比較して論ずる試みもなされた。北岡伸一《きたおかしんいち》『自民党』である。同書は、金脈疑惑を追及されて退陣した田中の、総理総裁としての足跡を総括する「田中政治の意味するもの」の項で次のように説く。戦後の自民党政治は多大なコストを要する点に戦前の政治との明確な違いが認められ、政治家の資格要件としても何より資金調達能力が重要となった。田中は、そうした環境をフルに生かし、巨額の資金を獲得することにより派閥を拡大して自民党の中で台頭した、最大の政治家であった。その一方で、田中と戦前の星・原とを比較して「政治の中から資金を作り出すことも、ベテランの政治家ならそれほど難しいことではないのかもしれない。かつての星亨や原敬も、そういうことはあったけれども、彼らは少なくとも私腹は肥やさなかった。そうした一線がなければ、国民の信頼を維持することは難しい」と結論づける。田中が「国民の信頼を維持」できなかった原因を、星や原と対照的に「私腹を肥や」してしまった点に求めているのである。

比較の難しさ

この北岡の議論の妥当性自体は基本的に認めるとしても、多少の留保は必要であるように思う。本来、時代の異なる事象間、あるいは活躍期の異なる人物間の比較は非常に難しいものであるが、ここでもそれを感じないわけにはいかない。

政治家としての全盛時代における田中の豪奢な暮らしぶりは、しばしば喧伝された。何より、目白御殿と称された宏壮な邸宅である。政治の舞台となった建築物を手がかりに政治を読み解くユニークな試みである御厨貴《みくりやたかし》『権力の館を歩く』によれば、最盛期三〇〇〇坪という田中邸は、田中が権力の階段を上るのと歩調を合わせて拡張されてきたものだという。池を泳ぐ鯉の値段が一匹何百万円などという話も面白おかしく伝えられたが、その点について読売新聞記者・中野士朗《なかのしろう》は「のちに「目白の鯉」が、いわゆる金権政治のシンボルのように風刺のマトになったが、それはこの騒ぎ〔首相就任時の取材攻勢の凄まじさをさす〕の中で「総理、この鯉は一匹いくらくらいするんですか」「オウ、二、三百万円はするゾ」といった程度のやり取りから生まれたのではないかと思う」（中野『田中政権・八八六日』）と推測している。中野によれば「田中邸の鯉はすべて選挙区からの贈り物であり、いまでも年に一回は、里帰りし、郷里の池でリハビリテーションさせているのだから、値段のつけようがないはずである」（同）という。少なくとも、田中自身に高価な鯉を鑑賞するような趣味があったとは思えないし、富の象徴として誇示する意図があったかも疑わしい。せっかく贈ってくれた国許の支持者の志に対する配慮で大事にしていたというのが、実際のところだったのだろう。

ただ、確かにこのような邸宅のありようからして、星や原との違いは明白である。星が明治三四（一九〇一）年に不慮の死を遂げたあと、遺族には二万円ほどの負債が残った。星の邸宅についてはよくわからないが、少なくとも豪奢な造りであったという話は伝わっていない。原敬は、芝公園近くの手狭な家に住んでおり、土地は借地であったという。他に資産といえば、郷里の盛岡と鎌倉の腰越に別荘を構えた程度である。

腰越の方の別荘を、原が暗殺されることなく健在なら百歳目前であった時に訪ねたマルクス主義歴史学者・服部之総《はっとりしそう》は、彼の立場からすればブルジョワ政治家の典型でしかなかったであろう原を「敵ながらあっぱれ」と感じた。それは、原が生前使っていた碁盤が「そこいらの碁会所にあるのと同じひどいもので、碁笥《ごけ》もそうだし、石もそうだ。ずいぶん手あらく使ったとみえて、石数は目分量で百五十くらいしかあるまい。手にとってみると欠け石もまじって、一国の総理大臣とはおよそ縁遠い」状態にあるのを見て、「政治に没頭する、——ある言い方をすると生命をかけている彼の日常に手を触れた気がし」たからであった（服部『原敬百歳』）。このような星や原の生活と比較すれば、田中は私腹を肥やしたといわれても仕方がないのかもしれない。

しかし、星や原の私生活が質素であったことが、同時代的にどれほど注目され、評価されていただろうか。星は生前、「公盗《こうとう》の巨魁」（地位を利用して私利を貪る官公吏の大ボス、といったような意味）と呼ばれ、悪名は轟いていたし、原も身辺に続発した疑獄の類や、多数に物を言わせた強引な議会運営などが影響してか、非業の死を遂げたのに同情論は強くなかった。数量的に測れるようなものではないにしろ、日常生活に対する評価が両者の悪評判をさほど救っていたようには見えない。

もう一つ考慮する必要があるのは、星・原と田中とでは、政党政治家としての出発も立身の過程も異なっているということである。それが、金銭というものへのスタンスにおいて、星・原と田中との間に相当な違いを生んでいるように思えるのである。

星と原

星や原が活躍した時代、政党が政権を担うことは自明ではなかった。当時の憲法、大日本帝国憲法は政党内閣の出現を想定していないし、その他にも政党が政権に参入することを妨げる装置が設けられていた。星や原は、そのような状況を打破することに生涯を捧げ、その目的を達した人物であった。

星は陸奥宗光の知遇を得て明治新政府の官吏となったが、やがてイギリスに留学してバリスター（法廷弁護士）の資格を得、帰国後は自由民権運動に参加している。原は星とは逆に、まず自由民権運動と関係を持ったが短期間で離脱し、井上馨、さらには星同様、陸奥に引き立てられて官僚の道を歩んだ。「官」と「民」、両方を知る彼らはその強みを生かし、政党人として最初から高い地位と処遇を与えられた。星は、自由党の後身・憲政党を、政党指導者の道を志していた元勲・伊藤博文に結びつけ、立憲政友会結成にまで持っていった。成立間もない政友会において、伊藤は近い将来の首相候補であることにより総裁として君臨したが、党運営の実権は星が握っていた。原は政友会結成に参加してその幹事長となり（今日の党幹事長と同格であるか、また同じ役割を負っていたかは疑問としても）、第四次伊藤内閣の逓相となった星が疑獄事件にからんで辞職すると、その後任となった。

田中の歩んだ道

田中が政治の道に入った時、政党が国政を担うのは自明であり、政党はその中で立身の階梯《かいてい》を上らなければならない組織となっていた。戦前にはほとんど有名無実であった総裁公選制度も、保守合同から二年後には機能を開始し、頂点をめざそうとすれば、自らの有形無形の資産――ある者にとっては戦前からのキャリアなり名声であるかもしれないし、官僚出身者であれば、豊富な行政経験や知識・スキルであるかもしれないが――を動員し、党の中で基盤を築き、存在感を発揮していかなければならなくなった。

田中の場合、政治の世界に入った時期からすれば、全くの戦後派である。戦後初の総選挙、昭和二一（一九四六）年四月の第二二回総選挙では失敗したが、翌年四月の総選挙で初当選を果たしている。同年齢の中曽根康弘《なかそねやすひろ》が初当選同期でもあるのは有名な話だ。以後、吉田《よしだ》・鳩山《はとやま》の抗争では吉田系に属し、保守合同以後は佐藤栄作《さとうえいさく》派だが池田勇人《いけだはやと》ともよいという立ち位置を占め、三九歳での初入閣（第一次岸改造内閣、郵政大臣）以後、要職を占め続ける。戦前の政治的キャリアは地方議員を含めて皆無であり、議員秘書であったこともなく、院外団歴すら持っていない。

その田中にとって、頼るべきは金と、人の縁しかなかった。もとより、その二つは分かち難く結びついていたであろう。後者、つまり人の縁についても、田中は有名な言葉を残している。「世の中は白と黒ばかりではない。敵と味方ばかりではない。その間にある中間地帯、グレーゾーンが一番広い。そこを取り込めなくてどうする」（前掲後藤謙次監修

『人を動かす天才　田中角栄の人間力』)。味方や支持者といった濃い繋がりを求めるよりも、淡くても自分に好意的な人を増やせという、成功するための人間関係構築の極意である。この「中間地帯、グレーゾーン」づくりに、田中が集め得た金の多くが投資されていたはずである。それこそ、冠婚葬祭のレベルに至るまで(ここでは触れないが、その種のことに言及した田中の言葉も味わい深い)。

それぞれにとっての金

政党人としての出発の時点で相応の地歩を築き上げていた星や原にとって、金銭とは、もっぱら政治工作に振り向けるためのものであった。それは利用なり管理の対象であったが、所有するものではなかった。たとえば原は、一〇〇万円余の党資金を蓄えていたが、それに私用で手を着けることはなかったという。だが、田中にとって金銭とは、星や原のような政治工作の道具にとどまらない、まさにすべてであったはずである。

金に苦労しながら立身し、実業家として金を稼いだことは、政界入りの原資となっただけでなく、金に対する独特の鋭い感覚を磨かせ、それが議員立法活動にも役立ったであろう。そこから人の縁を豊かに結んだことが、権力の頂点へと道を開いたのであった。

政治家として上昇を遂げるのにともなっていたという目白御殿の拡張(前掲御厨貴『権力の館を歩く』)は、それまで以上に金と人の縁を集めるためのインフラ投資といえるだろう。さらにいえば、田中が総理総裁の座をもぎとる際に掲げた「日本列島改造論」も、限られた国土の効率的利用という問題を投げかけ、また、御厨貴の指摘する田中の「裏日本のルサンチマン」（「田中角栄—開発政治の到達点—」。渡邉昭夫編『戦後日本の宰相たち』所収）が発動された政策であることは間違いないにせよ、新幹線・高速道路・空港といった巨額インフラ投資により、大都市への集中ではない、新しい人の流れと関係性を追求する点において、田中の政治家人生の投影、集大成でもあったように思える。

このようであれば、田中が自らの扱う資金を政治活動と私腹に分ける余裕、というより発想がなかったとしても不思議はない。星亨や原敬は私腹は肥やさなかったのに、それにひきかえ、と批判されたとしても、田中にとっては、それが自分にとって一体何だというのだ、と答えるしかなかったかもしれない。

金以外の何があるのか

自分には金しかない——田中自身も明確に自覚していた。それを物語る挿話がある。

田中の金脈問題に危うさを感じた盟友・大平正芳《おおひらまさよし》が忠告したところ、田中は、「君はいいだろう。大蔵省、一橋大学というひねれば出る立派な水脈を持っている。俺には何があるんだ。俺にはこの道しかないんだ」（前掲後藤謙次監修書）と答えたという。

田中の腹心の一人であった二階堂進《にかいどうすすむ》も、同様の話を伝えている。首相になった後も、田中は会合などで子供たちに現金を手渡すことがしばしばあった。子供でも将来の好意的な中間地帯か、グレーゾーンに見込んでいたのだろうか。それを見とがめた田中派の長老・西村英一《にしむらえいいち》（運輸官僚出身、建設大臣・国土庁長官・自民党副総裁などを歴任）が、「総理が札ビラを切るなんてみっともない。やめなさい」とたしなめたのだが、田中は「あんたには学歴もある。高級官僚だった自尊心もある。だが、オレには何もない。学歴のない、しがない馬喰のせがれには、これしかないんだ」と涙ながらに答えた（馬場《ばば》周一郎《しゅういちろう》『蘭は幽山にあり　元自民党副総裁　二階堂進聞書』）。

田中が金について語ることばには、集めた手段を問うのが野暮に思えてしまうほど含蓄がある。その底には、金に頼らざるを得なかった悲しみが流れていたのだろう。その悲しみはどうやら報われたようだ。私腹を肥やした分、同時代的評価は星や原に劣るとされた田中だが、歴史的評価は接近しつつある。時間の積み重ねがもたらす作用は、歴史においてはやはり偉大である。

生誕一〇〇年の法則

星は生誕から一三三年後（死去からは八二年後）に有泉貞夫『星亨』を得た。星の場合、史料的制約などの関係もあり、一九六〇年代後半頃から勃興する実証主義的な日本近現代政治史研究の対象になるのが遅れたため、これだけの年数を要した。しかし、原は、前記のとおり生誕一〇〇年にあたって服部之総から敵ながらあっぱれ、という賛辞を受け、一一〇歳（死去から四五年後）を過ぎてから三《み》谷《たに》太《た》一郎《いちろう》『日本政党政治の形成―原敬の政治指導の展開―』が生まれたことで再評価の気運がたかまり、テツオ・ナジタ『原敬―政治技術の巨匠―』によってそれが海外とも共鳴した。星と原は、手段はどうあれ、自由民権運動の出発から比較的短期間で政党を権力に参入させ、国家的命運を担い得る存在として認知させたことが、歴史研究の立場からも評価されたのである。

一方、田中は、九三歳（死去から一八年）で冒頭に掲げた語録が編まれ、本書の続編『名言・失言の近現代史　下　一九四六―』で触れるように、九八歳で芥川賞作家の筆により小説の主人公となった。一〇〇歳の年には、政治学者・新川《しんかわ》敏光《としみつ》による評伝も世に出ている（『田中角栄　同心円でいこう』）。これからも、歴史的再評価が進むだろう。

もしかしたら、金の渡し方を極めた辣腕の政党リーダーが、価値判断を越えて真に正当な歴史的評価をかち得るには、死去当時の年齢とは無関係に生誕から約一〇〇年ほどの時間を要する――そんな法則が成り立つのかもしれない。しかし、この法則の証明はかなり困難だろう。いくら何でもサンプル数が少なすぎる。そして、サンプル数が増える展望も開けていない。政治の主たる仕事が、経済成長の豊かな果実を国民の広い範囲に分配することであった時代、つまり彼らが活躍できたような時代が、今の日本で簡単に再現されるとは思えないからである。ただ、視点を変えればそれでもいいのかもしれない。歴史的評価というものが簡単には下せないサンプルとして三人が生き続けることだけは、少なくとも確実だからだ。

名演説の舞台装置

1　彼等は常に口を開けば、直《ただち》に忠愛を唱へ、恰《あたか》も忠君愛国は自分の一手専売の如く唱へて居りまするが、其為《な》す所を見れば、常に玉座の蔭に隠れて、政敵を狙撃するが如き挙動を執つて居るのである。（拍手起ル）。彼等は玉座を以て胸壁《きょうへき》と為し詔勅を以て弾丸に代へて、政敵を倒さんとするものではないか。

（『尾崎行雄氏大演説集』）

2　今日の世界に於て、尚《なお》階級専政を主張する者、西には露国過激派政府の「ニコライ、レニン」あり、東には我原総理大臣あり。

（『永井柳太郎氏大演説集』）

日本憲政史上、名演説として取り上げられることの多い二つの演説を掲げた。帝国議会の中で行われたものであるから、本来は議事録から引用するのが筋であるが、雄弁家として定評のある政治家の弁論を題材に、日本型雄弁・名演説の特質を探ろうという本章の趣旨に照らし、彼らに対する一般の評価を明示する意味で、あえて演説集から引用した。

1は高校日本史教科書や補助教材の資料集などに掲載されることもある、大正政変時、当時は政友会所属代議士であった尾崎行雄が、大正二（一九一三）年二月五日に行った桂内閣不信任決議案の趣旨説明である。内大臣・侍従長の職にあった桂が、宮中から出て組閣するにあたり、大正天皇からそれを許可する旨の勅語を得るという異例の手順を踏んだために、宮中を政治に巻き込んだことや、批判をかわすために議会停会の詔勅を乱発したことなどを追及するものであった。

2は大正九（一九二〇）年七月八日の衆議院（第四三回帝国議会）において、同年五月一〇日に行われた第一四回総選挙で初当選した憲政会（大正政変で退陣した桂太郎が結成した立憲同志会の後身）代議士・永井《ながい》柳太郎《りゅうたろう》が、当時の原敬内閣の施政——シベリア出兵問題、思想悪化問題、労働問題について追及したものであった。引用部分でロシア革命の指導者であるレーニンの名を持ちだしたことが原因となって、永井は懲罰委員会にかけられ、五日間出席停止処分を下されている。

名演説の三つの類型

あくまで筆者の個人的かつ便宜的な分類に過ぎないが、記憶され、語り継がれるような名演説とは、内容と目的によって、理念強調型・政策論争型・弾劾型の三タイプに分かれるように思う。もとより、截然《せつぜん》と区別するのは難しい場合が多いであろう。たとえば、政策上の失敗を衝く弾劾もあるであろうし、まず理念を提示し、それを根拠に政策を論ずることもあり得る。無理にでもすっきり分けようと思えば、それこそＡＩの力でも借りないと不可能だろう。しかし、最低限、基本的な型はこの三つとしてよいと考えている。

日本の近現代の場合、理念強調型の例は思い当たらないし、実際にもなかったと思われる。政治家なり運動家が、誰からも異論の出ようのない崇高な理念を、格調高い表現に乗せて訴え、感動をよびおこすことにより、国論の統一なり国民の団結をはかった、あるいは広範かつ熱烈な政治運動を盛り上げたような場面は現出しなかったのではなかろうか。言語・人種が多様ということはなく、部族対立のようなものも思い当たらない。深刻な宗教的分裂もない（先祖伝来のお墓は仏教のお寺にあり、神社へ初詣に行き、クリスマスやハロウィーンを楽しむなどという、非宗教的文化の国である）。そのような環境であれば、普遍性の高い理念を殊更に押し出す必要が生じるとは考え難い。

ペリー来航以来の日本の歩みを考えてみても、国家目標としては「富国強兵」で暗黙の合意がなされていたであろう。一時は深刻な対立を繰り広げたように映る、藩閥政府と自由民権運動の間でも、日本のあるべき将来像についてはそれほど大きな差があったわけではない。欧米列強に倣い、憲法と議会を持ち、豊かな経済力と精強な軍隊を備えた近代国家を構築する――その目標は共有されていた。対立点があったとすれば、憲法と議会をどちらの主導権で、いつ実現するかであった。弱肉強食の国際社会にいきなり投げ出され、巻き込まれるのと、立憲制構築が同時進行なのだから、それも当然であったろう。

アメリカとの比較

こうした文化や歴史を背負うと、アメリカにおけるマーティン・ルーサー・キング牧師の「私には夢がある（I have a dream）」（一九六三年）のような名演説は生まれない。人種差別解消を訴えた同演説は、アメリカの歴史と民主主義の基本文書の一つとして国務省から出版されている。また、この演説からちょうど一〇〇年前の「人民の、人民による、人民のための政治」の名文句で知られる、リンカーン大統領の「ゲティスバーグ演説」も同様の扱いを受けている。「ゲティスバーグ演説」のなされたのが、南北戦争という内乱のさなか、その激戦地においてであったのは、その南北戦争や、キング牧師の演説を生み出した公民権運動など、アメリカは国内における何回かの、最近頻出する用語を使えば「分断」に直面し、その都度、基本的な理念に立ち帰り、克服しようとしてきた。キング牧師やリンカーンの演説は、その歴史を象徴するものとして記憶され、公的にも認められている。日本においで、そのような事例は見出し得ない。

次の政策論争型はどうか。詳細は後段に譲るが、日本の場合、それは貧しいか、もしくは認識・記憶されることなく埋没しているというのが、現時点での筆者の印象である。

自由民権運動の遺産

日本なりの名演説、あるいは雄弁といわれるものは、どのような歴史や文化を負い、いかなる性格を帯びていたであろうか。

演説なるものが日本に導入されたのは明治初期、福沢諭吉らによってである。「演説」という言葉も、福沢が「speech」の訳語としたのである（「debate」に「討論」をあてたのも福沢である）。福沢は演説を、近代社会に不可欠な、言語によって自分の意志を他者に伝達し、合意を形成していく技術として強調した。また、福沢のいう演説の範囲は政治のそれにとどまらず、学術講演や宗教家の説法、テーブル・スピーチなども含まれていた。

最初期においてそのようにゆるやかな定義を与えられた演説が、もっぱら政治の領域の中のものとされていった原因は、やはり自由民権運動である。

自由民権運動と演説

民権運動と演説との関係については、演説により一般民衆が思想的・政治的に啓発されていく過程を実証した安丸良夫《やすまるよしお》の研究（「民権運動における「近代」」）や稲田《いなだ》雅洋《まさひろ》の研究（『自由民権の文化史　新しい政治文化の誕生』）がある。その一方で、演説が運動の手段として有効であり、それが発揮する論理性はもとより重要であるにしても、それ以外の要素、たとえば、牧原憲夫《まきはらのりお》が注目する、演説のもたらす「演劇的興奮」（『客分と国民のあいだ　近代民衆の政治意識』）や、兵藤裕己《ひょうどうひろみ》の指摘する、演説が大衆の情感に訴えかけるパフォーマンスを発展させ、流行歌を取り入れ、寄席や盛り場へと進出していった（「明治のパフォーマンス　政治演説と芸能」）という、一種の娯楽性を無視し得ないのもまた事実である。「理」もさることながら、「情」に訴える部分も小さくないのである。

自由党が明治一四（一八八二）年、立憲改進党が同一五年に結成されたとはいっても、両党が活動すべき議会はまだ開設前であった。地方議会としての府県会はあったが、政府と直接政策論争する場はまだなかった。したがって、運動の方針として、民権論を一般に広める、浸透させることがまず優先されるのは当然であった。そうであれば、受容する側の民衆の知的レベルにも配慮して、「情」に力点が置かれても不思議ではない。そのような民権運動を経た人々が、代議士になっていったのであるから、「理」の領域——政策論の部分が鍛えられる度合いに不安がともなうのも当然といえる。

議会開設後はどうであったか

明治二三（一八九〇）年に至って帝国議会が開設される。しかし、そこで政府と政党との間で互角の政策論議が戦わされたかどうかは、そう簡単に判定可能な問題ではないにしても、やはり疑わしい。少なくとも、自由党・改進党といった「民党」（旧民権派側）が、藩閥政府を追い詰める論理として、単純にしてわかりやすく、しかも支持を得やすい減税一本に絞らざるを得なかったのは事実であった。政策に関する情報は政府側が独占している。また、「樺山資紀のふるった「蛮勇」」で触れたように、江戸幕府を退場させて明治新政府をつくり、その後は営々と近代化政策を推進してきたのだ、という歴史をも独占しているのである。政党にしてみれば、行政費を削って地租を軽減せよ、の一点集中で突撃するよりほか手段はほぼなかった。そのような中で、高度な政策論争などは行われる余地は多くなかっただろう。議会開設から約一〇年後、当時衆院議長を務めていた片岡健吉《かたおかけんきち》（自由党土佐派の重鎮）が、新聞『人民』連載の、議会にまつわる回顧談の中で、代議士は官僚と積極的に交流の機会を持つなどしてよく勉強して欲しい、と要望している事実（拙稿「議長席から見た帝国議会」）は、まさに当時の代議士のレベルを反映したものであろう。

このような民権運動以来の経緯もまた、代議士の演説のありように影響を与えたのではなかろうか。少なくとも、議会開設以後、かなり長い間、政策論争型の名演説といえるものは現れていない。

弾劾型の登場

そのような中で明治が終わり、大正が始まる。そこで、第五章の最後で触れた、大正政変につながる第一次護憲運動が起こり、冒頭に掲げた尾崎演説がなされるのであるが、その間に、単に明治天皇が崩御して大正天皇が即位し、年

図14　尾崎行雄による桂内閣弾劾演説（尾崎行雄記念財団所蔵）

号が変わっただけにとどまらない変化が起きていたのである。

尾崎演説が行われた大正二年二月五日の、衆議院内外の様相は次のようなものであったという。「此の日民衆は、午前八時頃から、ひし〳〵と衆議院におしかけ、九時には早くも門前の大道は人を以て埋まり、十一時頃になると同院群衆のために全く包囲せられてしまつた。衆議院の傍聴席は、文字通り立錐《りっすい》の余地なきまでに充たされた」（前掲『尾崎行雄氏大演説集』）。院外の運動はすでに異様な盛り上がりを見せており、院内も同様であった。いってみれば、熱気の高さで議会の内と外とが全くつながってしまい、不気味な共鳴現象を起こしていたのである。

壮士退場、民衆登場

明治の議会開設の頃にも、院外には自由民権運動以来の活動家たち――いわゆる壮士《そうし》と呼ばれる一群の人々がおり、党幹部の護衛や選挙運動、さらには他党の壮士との争闘などに活発な動きを見せていた。時には、自党の代議士が政府に対し弱腰になって安易な妥協をしないよう、圧力をかけたりすることもあった。こういった壮士に分を守らせ、代議士が院内で安心して活動できるようにすることが、党幹部にとって大切な仕事であったりした。「政党リーダーたちの金の作法」に登場した星亨が、東京市関係の利権に手を伸ばしたのは、年齢を重ねた上に、政党が代議士中心の組織に完全な脱皮を遂げたため活躍の場を失った壮士たちに、生活の道を与えるためともいわれた（有泉貞夫『星亨』）。

だが、第一次護憲運動の時に衆議院の内外で動いていた人々は壮士ではなく、特に政治的背景持たない一般の民衆が主であり、そして、かつての壮士よりはるかに多数であったことは間違いない。

政治に物を言いたい国民

どうしてそうなったかといえば、政治に物を言いたい国民が増えていたからである。日露戦争の戦費を賄うため、政府は大増税を行ったが、その増税は戦争終了後、旧に復するはずであった。しかし、ロシアから賠償金がとれなかったことなどの理由により継続されてしまう。われわれは、ロシアとの戦争での勝利という、ご一新の頃から考えれば信じられないような栄光に貢献した、いや、原動力であったはずだ、それなのにどうして苦しみ続けなければならないのか――そういう不満は、国民の心の中に鬱積していたはずである。

それに加え、直接国税年一〇円以上という、有権者の納税資格をクリアする国民が、増税の影響で顕著に増えていた（「勅語奉答文の爆弾」で取り上げた日露開戦直前のハプニング解散にともなう第九回総選挙時の有権者数は七六万二四四五人であったものが、日露戦後初の総選挙である第一〇回では一五九万七五九四人になっていた。『衆議院議員総選挙一覧』による）。つまり、政治への強い不満と参加欲求を持つ層が拡大していた。その怒りがはけ口を求め、一気に噴出しようとしていたのである。

日露戦争終了直後にも、賠償金など講和条件に不満を持った民衆が東京で騒擾《そうじょう》事件を起こした例があった（日比谷焼き打ち事件）。これも小さな事件ではなかったが、比較的単純かつ具体的な外交政策への不満であり、衆院第一党の政友会が動かなかったこともあって、短期間で鎮静化した。

ところが、この時の民衆の不満は、具体的な政策というよりは、「憲政擁護・閥族打破」という抽象的なスローガンにも表れているように、陸軍だか元老だかの不明朗な動きで、行財政整理をやろうとしていた第二次西園寺内閣が倒れてしまったばかりか、その次には天皇のお側近くに仕えている桂太郎が、山県の差し金で組閣する（実際には、山県主導で桂の組閣になったのではないが、国民の側からはそうとしか見えなかったのである）という、分かり難く、胡散臭い展開になってしまう、政治のあり方全体に向けられていた。そうなると、権力側としても、このように方向性は不明確だがエネルギー量は莫大だ、という前例の無い運動に戸惑うばかりであった。

院外から吹く風

その民衆の動きを味方に、尾崎は大演説をぶった。漠然とした、強い怒りを抱く民衆の期待に応えるのに難しい論理は要らない。正義の味方として、シンプルに悪玉を追い詰めればよいのである。ここに、弾劾型の原型ともいうべき演説が展開された。尾崎は後年、回顧録の中で「そのうち不不思議《ママ》な感じが、私の心に湧いて来た。此処でハツと桂公を指させば、公はきつと引繰り返つて、椅子から転げ落ちるといふやうな感じが、ふと起つた。演壇から大臣席にゐる桂公との間は数歩に過ぎなかつた。そこで大声疾呼《たいせいしつこ》しながら、全身の力をこめて、二三歩進み出で、指頭《しとう》を以て桂公を突くがごとく、迫つていつた。その瞬間、公は真青になつた。演説中のことであるから、よくは分らなかつたが、公の顔色は俄に蒼白に転じた。しかし予感に反して、桂公が椅子から転げ落ちなかつたので、私は失望した」（尾崎『日本憲政史を語る 下』）と回想しているが、ここで吐露されているのは、牧原憲夫のいう「演劇的興奮」に近いものだろう。付け加えると、元々、当時の帝国議会は、戦後の国会のようなアメリカ的な常任委員会中心の審議形式ではなく、イギリス的な本会議中心の形式だったので、代議士たちは大上段に振りかぶった演説をするのに慣れていたし、ましてや民権運動時代からのキャリアを誇る尾崎なら、まさに乗りに乗っていたはずである。

この瞬間、弾劾型名演説の様式が確立したと考えてよいだろう。様式というのは、まず大前提として、分かりやすく叩き甲斐のある、憎々しい悪玉の存在。「蛮勇演説」の樺山資紀程度では少し貫目不足だし、愛嬌がありすぎる。過去に二回の組閣歴があり、今度は元老・山県有朋の後ろ盾で宮中から突如飛び出し、後継首班になった桂太郎（前述のとおり、そういうイメージは幻想であったのだが）なら文句なし。悪玉を叩くには理屈ではなく情緒に訴えればよい。分かりやすく情緒を刺激するには、熱気は当然として、何といっても、よくできた決め台詞。キャッチコピーのようなものと言い換えてもよいかもしれない。「彼等は玉座を以て胸壁と為し詔勅を以て弾丸に代へて、政敵を倒さんとするものではないか」はそれにあたる。尾崎演説は、それらの要素を備えることで新時代を画したのである。

弾劾型の系譜

尾崎が開いた道を永井柳太郎が歩んだ。

永井柳太郎は、立憲改進党が結成された明治一五（一八八二）年の前年に生まれているので、同党の創立メンバーであった尾崎よりもかなり若く、当然ながら民権運動の経験はない。ただし、同三四年に東京専門学校政経科に入学した永井は、翌年、同校が早稲田大学と改称されたのと時を同じくして誕生した、早稲田雄弁会に参加するようになった。そこでの弁論を大隈重信に認められ、オックスフォード大学へ留学する機会を与えられる。帰朝後、母校の教授として植民政策（世界の植民地統治技術を吸収する学問）及び社会政策を教え、大隈主宰の雑誌『新日本』の主筆も兼ねたが、学内の紛争のあおりで教授を辞任、憲政会（桂が大正政変時に立ち上げた新党・立憲同志会の後身）所属代議士となった。

井上義和《いのうえよしかず》の研究（「文学青年と雄弁青年――「明治四〇年代」からの知識青年論再検討――」）によると、「日露戦争後に隆盛を極めた第二次弁論ブームの中で自ら進んで演説の習練と実践に励」んだ「雄弁青年」と呼ぶべき層が、明治四〇年代、「文学青年」と同時に現れたという。「第二次弁論ブーム」の前提となっている第一次弁論ブームとは、もちろん「明治前半期の自由民権運動にともなう演説ブーム」なのであったが、その第一次ブームとは全く無縁な、一八九〇年代に生まれた世代が、高等学校や大学予科に進学した明治四〇年代に雄弁青年となったのである。永井柳太郎は、いわば彼らの先輩格で、目標ないし理想型というべき存在といえるかもしれない。

図15　永井柳太郎

その永井でも、第一次弁論ブームの担い手というべき尾崎を踏襲した2の演説を行った。尾崎演説のように、首相の進退や政治手法を問題にしたのではなく、政策論を仕掛けてはいるが、シチュエーションとしては相通ずる。与党・政友会を率いる原敬首相は、桂とは異質の、新時代の手強い悪玉である。二年前、寺内正毅《てらうちまさたけ》内閣を引き継いで組閣したが、寺内内閣との関係は、支持こそするものの閣外協力に止め、元老・山県の信頼を得つつ、寺内内閣との共倒れは巧みに避けて政権にたどり着く。翌年には念願の、大政党に有利な小選挙区制採用を骨子とする選挙法改正を達成し、永井が初当選して2の演説を行う二ヶ月前の総選挙——普通選挙（普選）の是非について世論を問うという趣旨で解散を打った——で大勝利を収めた。多数に物を言わせた強引な議会運営を行う一方、第一次世界大戦下の好況を追い風に、鉄道拡張などの地方利益誘導で党勢拡大をはかり、政治資金獲得のため利権に近づくことも厭《いと》わない。強引さでは桂より数段上かもしれず、叩く相手として不足は無い。そして決め台詞。レーニンと原を並べればただでは済まないことぐらい、永井は承知していたはずである。弾劾と、自らの名前を売ることが演説の主目的だったのだろう。

ちなみに、この永井演説について、原は日記の中で一言も触れていない。演説がなされた日の日記には、議場の模様など出てこない。原は、永井の意図など承知していたであろうし、政策面で特段言及する価値など認めなかったということなのかもしれない。

帝国議会劇場

尾崎演説の項でも触れたとおり、大正は帝国議会の議場の内と外との距離が急激に近づいた時代であった。第三次桂内閣が議会外の運動で倒れた後、海軍を中心とする薩派と政友会の連立政権である第一次山本権兵衛《やまもとごんべえ》内閣が成立したが、その山本内閣は、軍艦建造にまつわる収賄事件（シーメンス事件）によって世論の批判を浴び、倒れた。スキャンダルで倒れた政権は史上初で、国民と政治の直結を感じさせた。その次は、大隈重信《おおくましげのぶ》が桂の遺産というべき立憲同志会を基礎に、第二次内閣を組織した。明治三一（一八九八）年以来、実に一六年ぶりの組閣である。大隈は、世論を問うということを初めて謳った解散を断行し（この時は二個師団増設問題がテーマであった）、首相自ら全国を遊説したり、あるいは大隈首相の演説を録音したレコードを配るなど、国民に直接語りかける姿勢を明確にした選挙戦術を使った。

このような政局の推移だけではなく、大正期は国民の政治参加そのものが重要な争点となった。いうまでもなく、それは普選である。永井柳太郎が演説で挑んだ原敬内閣は普選に消極的であったが、それでも選挙法改正の際には、小選挙区制を採用しただけではなく、有権者の納税資格を一〇円から三円へと引き下げている。国民の抵抗を和らげるため、一定の譲歩は必要と考えたのだろう。国民を帝国議会へ、ひいては政治に近づけようという方向性は明確で、そうなると、代議士たちも国民の眼を意識した行動を議場の中でとらざるを得なくなる。あまり健全な傾向ではないが、帝国議会で乱闘沙汰が頻発するようになったのもその表れといえる。明治期も皆無ではなかったが、顕著になったのはやはり大正以降で、それは今風にいえば、やってる感を国民に見せたい心理が働いた結果であろう。議場が一種劇場化してきたのである。

エンターテインメントとしての演説

このような文脈で、演説への注目度も高まっていったはずである。代議士の演説集が刊行され、しかも相当の売れ行きを示すことも珍しくなかった。演説集の出版は、外国の政治家のそれが先行したというが、次第に日本の政治家のものが増えていった。冒頭に掲げた尾崎のものは大正一四（一九二五）年刊行。永井の『永井柳太郎氏大演説集』はそれより一年早い大正一三年であるが、一一年後の昭和一〇（一九三五）年には一四六版を重ねたという大変な売れ行きであった。尾崎や永井の演説を世に出した大日本雄弁会の大演説集シリーズ全体がそもそも大ベストセラーといってよいだろう。永井の演説集は第二集も出ている（昭和五年）し、他には犬養毅《いぬかいつよし》・浜口雄幸《はまぐちおさち》のものが刊行されている。

付け加えると、この大日本雄弁会が東京帝国大学法科大学弁論部発会式の演説速記録をもとに明治四三（一九一〇）年二月に創刊号を出した雑誌『雄弁』は、中学から大学までの弁論部員を読者層の中心とし、前述の「雄弁青年」輩出に貢献していたのであった（井上義和前掲論文）。大日本雄弁会が、今日に続く出版社・講談社の前身であることは周知の事実であろう。

ある誤解

このように演説に注目が集まり、演説集が出版され、中にはベストセラーというべき売れ行きを示すものが現れ、雄弁家の定評を得た永井のような政治家は半ばスター化する。そのような現象は、演説というものへの見方、評価に当然影響を与えるであろう。端的にいえば、弾劾型演説への注目・評価が突出することにつながるのではなかろうか。

弾劾型演説は論理構成が簡潔で済むし、勧善懲悪的な分かりやすい興味を喚起する。尾崎なり永井の演説集に収録されているものは、決して弾劾型だけではないが、その政治家が雄弁家であることを示すには弾劾型を持ち出すのが最も手っ取り早い。となれば、誰々といえばあの演説、という具合にイメージの固定化をもたらすであろうし、それが弾劾型演説、及び弾劾型演説を行った実績を持つ政治家への過大評価となってはね返ってくるかもしれない。同時に、政策論争型演説、及び政策論争型演説に取り組む政治家への過少評価につながるおそれもある。

「斎藤隆夫《さいとうたかお》の標的」で扱うので詳しくは触れないが、第七七回帝国議会の会期中であった昭和一五年二月二日、民政党（憲政会の後身。永井柳太郎も所属していた）代議士・斎藤隆夫が、始まって二年半以上経過してなお展望が立たない日中戦争の処理について、当時の米内光政《よないみつまさ》内閣に対し、約一時間半にも及ぼうかという質問演説で糺《ただ》した。この斎藤の演説は以下のように、多大な犠牲を国民に強いているこの戦争を、現在の方針でなお継続したとして、犠牲に見合うだけのものをとれるのか、という疑問を投げかけたものである。

東亜新秩序の建設という、政府が据えている戦争の目的はその実体がはっきりしないし、また、この戦争は道義や国際正義の見地から東洋平和・世界平和を確立するための「聖戦」である、と意義づけているけれども、歴史を見れば世界平和などというものは短期間しか続いた例はなく、そもそも戦争とは徹頭徹尾力の争いであって、正邪曲直など問題にならない。それを否定する者がいたとしたら、それは偽善というものだろう。重慶の国民政府から蔣介石《しょうかいせき》に次ぐNo.2の汪兆銘《おうちょうめい》を脱出させ、新政権をつくらせようとしているようだが、新政権は根付くのか、その新政権主導での事態収拾が果たして可能なのか。

斎藤演説は、概略このような論点を持つものであった。これは、内容的に全く政策論争型演説であって、弾劾型とはいえない。少なくとも、特定の悪玉を念頭に置き、それに狙いをつけたものとは考えられない。もとより、質問を向けた相手は米内内閣であるが、それは制度上それしかないからであって、斎藤が疑問とした日中戦争処理方針は、米内内閣の方針というよりは、それ以前の、例えば戦争が開始されて泥沼化していく当時の、第一次近衛文麿内閣時代などに立てられたものが多くを占めている。倒閣を意図していたとは受けとれないし、事実としても違うだろう。付け加えると、弾劾型につきものの決め台詞も欠いている。

この斎藤演説に対し、北岡伸一は「これは極めて論理的な、普通に法律的に考えればひっかかるはずのない、極めて現実主義的な、戦争の行方はどこへ行くのか、おかしいではないかという厳しい言論なんですね。大変よい意味の、すばらしい法律的な言論であります」(『議会開設百年記念　講演会・シンポジウム―我が国議会の過去・現在・未来―』)と、まさに政策論争型演説としての高い評価を与えた。だが、これは敗戦から四五年後に下されたものであって、同時代的にも、また戦後かなり長い間にわたっても、弾劾型に寄った扱い方がなされていたのであった。それは、インパクトのある演説は弾劾型という固定観念も基礎的な要因として小さくないとして、演説が問題化していった、次のような過程によるところも大きかった。

誤解の病理

演説直後、日中戦争を主導してきた陸軍が強い圧力をかけてきた。「東亜新秩序」は正体不明、「聖戦」を偽善といわれて黙っていられるはずはなかったのである。斎藤は懲罰委員会にかけられ、三月七日に議員除名された。当時主流になりつつあった、親軍的立場をとる代議士たちが賛成に回ったからであった。「極めて論理的な、普通に法律的に考えればひっかかるはずのない、極めて現実主義的な」議論を展開したにもかかわらず、レーニンを持ち出した永井柳太郎より重い処分が下されてしまったのである。しかも、この斎藤演説は以後「反軍演説」と称されたし、斎藤自身にも「反軍の闘士」というイメージが付きものとなった。軍部を専ら槍玉にあげたわけではなかったのにもかかわらずである。これが、軍部を批判した弾劾演説という虚像が一人歩きする契機となった。

敗戦後になると、軍部が戦前の日本を破滅に追いやった元凶として断罪されたことで、なおさら斎藤及び斎藤演説の、反軍性とでもいうべき側面が誇張された感があり、斎藤演説は軍部に抵抗したもの、日中戦争を根本的に否定したもの、というようなイメージを持たれがちであった。日本史研究者の著した通史の中でも、その評価はいま一つ視点が定まっていないような印象を受ける。

仮に斎藤演説が内容に即した正当な評価を受けていたとしたら、弾劾型を偏重する演説観は正され、政策論争型演説にもっと目が向けられただけでなく、それまでは必ずしも評価の対象になっていなかった、意外な演説の名手の実例が発掘されていたかもしれない。しかし、それはいまだ可能性のままである。

名演説は絶えたか

斎藤隆夫は、公職追放にあうこともなく戦後も代議士として活躍し、第一次吉田、片山の両内閣で国務大臣を務めた後、新憲法——日本国憲法施行から二年後、昭和二四（一九四九）年に七九歳で亡くなった。仮にさらなる長命と健康に恵まれたとして、かつてのような演説を行うことは難しかったろう。戦後の国会は、戦前の帝国議会とは違い、各省別に分かれた常任委員会中心のアメリカ式審議方法をとり、議論の内容も至って専門的な事項についての質疑に傾くことになった。本会議で長広舌をふるう機会そのものが、わずかな例外を除きほぼ失われた。

確かに、それ以後、名演説と誰もが認めるものは現れていない。たった一つの例外――若宮《わかみや》啓文《よしぶみ》（朝日新聞政治部記者）が、ごく一部を省略したのみで大部分を引用し、北岡伸一『自民党 政権党の38年』が、国会での論戦の低調ぶりを憂いて著した『忘れられない国会論戦』で、書物の掉尾《ちょうび》を飾る「異色の本会議演説」の章の中心に据え、筆者自身も読んで感動を覚えた――といいたいのは、昭和三五（一九六〇）年一〇月一八日、当時の首相・池田勇人《いけだはやと》が衆院本会議場で行った、同月一二日に日比谷公会堂の立会演説会の最中、テロの犠牲になった社会党委員長・浅沼稲次郎《あさぬまいねじろう》の追悼演説である。演説当日は、浅沼の初七日にあたる日であった。

内容は、議事録その他で読めることであるし、ここでくだくだしく触れることはしない。亡くなった浅沼の生前の人となりと徳を偲び、業績を称え、その非業の死を悼むのは当然として、そこにライヴァルを失った池田の悲しみを、実に巧みに結びつけている。演説の原稿を書いたのは、元西日本新聞記者で池田の首席秘書官、伊藤昌哉《いとうまさや》であったが、記者時代に社会党担当だったことはなく、仕えている池田も浅沼とほとんど付き合いがなかったため、演説に盛り込む材料に困るという悪条件下で、演説冒頭から拍手が湧き、進むにつれて涙を誘う演説を書き上げた、そのスピーチライターとしての卓抜した手腕は、伝説になる値打ちが十分にある。

突出した成功例

ただ、こう書くとはなはだ卑俗な表現になってしまうが、これほどうまく、全てがはまった演説はあるまい。叩くべき悪役ははっきりしていて、特定の人物ではなく、テロリズムである。現に、池田の演説には次のような一節がある。これから議場で、あるいは選挙の際に大いに論争を挑もうと考えていた浅沼は亡くなり、その声はやんでしまったが、心澄まして耳を傾ければ、浅沼の叫び声が聞こえるような気がする、「わが身に起こったことを他の人に起こさせてはならない」「暴力は、民主政治家にとって共通の敵である」と。

テロリズムが民主主義の敵であることは誰も異論のない真理である以上、それを非難することは弾劾であり、同時に理念の高唱でもある。名演説の類型のうち二つを兼ね備え、攻撃性と格調の高さを両立できるのである。浅沼の非業の死という、あまりにも重い事実を背景にそれがなされるのであるから、「効果」は抜群であった。

「効果」という表現は不適切に映るかもしれない。しかし、この追悼演説は、期せずして挙行されることになった、冷徹な政治的イベントという側面もあった。

追悼演説当日から六日後、前々から予定されていた衆院解散が行われ、一一月二〇日には池田政権初の衆院総選挙が行われている。浅沼が立会演説会で犠牲になってしまったことで警備の粗漏を批判され、それが政権の致命的な失点につながれば（現に、国家公安委員長を更迭しなければならなくなった）、総選挙に影響が出る。そうならないためにも、池田の追悼演説は型どおりに済ませるわけにはいかないのであった。池田が伊藤昌哉に「場内がシーンとなるような演説を書いてほしい」と無理難題を命じ、上々の評判を得て、総選挙も勝利で乗り切ったあと、伊藤に「あの演説は五億円か一〇億円の価値があった」と、素直すぎる感想を語ったというのは、当時の状況からすれば当然だったのである。

このように、格調高く、悲劇性も政治性も高く、という、突出して特殊な名演説は以後絶えて類例がない。それでは違うタイプの名演説が現れるだろうか、という問いには、誰も明確には答えられまい。これが、戦後の演説の現在地なのである。

政党政治の成熟と混迷

床次竹二郎の未練

然るに加藤逝き若槻の内閣となりし後は、彼れ若槻は忘れたるもの丶如く誠意の認むべきもの寸毫《すんごう》もなし、彼《あ》んな嘘突き礼次郎とは何事も出来ぬ。

（『松本剛吉政治日誌』昭和二年一月八日条）

「嘘突き礼次郎」。当時の首相で与党・憲政会総裁の若槻礼次郎《わかつきれいじろう》に引っかけたこの洒落は、多分、その場で思わず口をついて出た当意即妙のものなどではあるまい。発した人物――当時の衆議院第三党、政友本党総裁・床次竹二郎《とこなみたけじろう》は、しばらく前からこの言葉を呪詛《じゅそ》のごとく、心の中で繰り返していたのではなかろうか。

これは、戦前・戦後を通じ、日本の政党政治家の生み出したギャグの最高峰である。哀愁漂うユーモアは、床次の報われぬ政治家人生とみごとにシンクロするからである。

ポスト原敬最有力候補の暗転

床次竹二郎は、今日での知名度は高くないかもしれない。しかし、立憲政友会総裁として大正七（一九一八）年に組閣し、本格的な政党内閣をつくり上げ、「積極政策」といわれる地方利益誘導を強力に推進した「平民宰相」原敬《はらたかし》の、最有力後継候補だった人物である。鹿児島出身だが薩摩閥の中では傍流であった床次は、東京帝国大学法科卒業後、大蔵省入りしたが、その後内務省に転じ、日露戦争後に当時の内相・原の知遇を得て内務省地方局長、同次官を歴任、大正初年に政友会入りして郷里・鹿児島から代議士当選、以後、政友会の有力者にのし上がっていった。特に、原内閣下で、原の多年の持論であった小選挙区制実現に内相として貢献したことは特筆され、ポスト原をうかがえる位置を占めた。

図16　床次竹二郎（国立国会図書館「近代日本人の肖像」）

ところが、ここから少しずつ運命が狂い出す。まず大正一〇年一一月、原が東京駅頭で暗殺された。在任中の首相が急死した例は初

めて で、とりあえず蔵相の高橋是清《たかはしこれきよ》が蔵相兼任のまま首相となり、与党・政友会の総裁の座も引き継いだ。今なら、折をみて改めて党大会なり両院議員総会を開き、新総裁選出となるところだが、当時の政党に総裁公選制度はなく、統率力はもとより資金調達能力、次期首班を推薦する役割を負う元老からの信用、さらには軍方面や枢密院など多方面に人脈や交渉能力を持つといった条件を兼ね備えた有力者がいればよし、いなければ当面は応急措置を継続する以外になかった。

財政については当時有数の見識・経験は持っていても、政友会員歴は浅く、党務には関心も経験もない高橋では、万全の後継総裁たり得ないことは明らかであった。しかし、では代わりに誰を、ということになると、決め手のある人材はいなかった。統率力・資金調達能力・経験・人脈、それに加えて政局の読みの鋭さ——どの点をとっても、偉大すぎた原の代わりはそう簡単には見つかるはずがなかった。

一つだけ確かなのは、他にいないからという理由で据えられた高橋に求心力など望むべくもないことであった。自《おの》ずと、高橋に不満な党員の支持は、原が健在であれば最も順当な後継候補であった床次に集まる。党内は静かに、そして確実に二分されていった。そのため、高橋が中橋徳五郎《なかはしとくごろう》文相の更迭に失敗したことから内閣総辞職に踏み切ると、不安定な政友会政権を継続するのは躊躇われた結果、加藤友三郎《かとうともさぶろう》・第二次山本権兵衛《やまもとごんべえ》・清浦奎吾《きようらけいご》という、三代の非政党内閣が続くことになった。その最後、清浦内閣成立（大正一三〈一九二四〉年一月）こそが、床次の流転の人生の始まりであった。

油断と決断

清浦の組閣が確実になった時点で、床次は楽観していたはずである。清浦は、当時数少なくなっていた、山県有朋《やまがたありとも》（大正一一年死去）直系の生き残りで、枢密院議長であった。その清浦が、勢力基盤であった貴族院の会派・研究会から閣僚の多くをとって組閣するのであるが、床次は、貴族院への政治工作を従来から担当してきていた。故・原敬は、その豊かな政治力を発揮して、陸海軍や貴族院などに抜かりなく政友会シンパを増やしていったが、床次はその一翼を担っていたのである。清浦の組閣となれば、原在世時代以来の実績から、研究会に太い交渉ルートを持つ自分が政友会の中で優位に立てる、既に七〇代半ばの清浦の政権担当は短いことが予想され、続いて非政党内閣を率いる政治家がそうそう残っているとは考えられない、次こそ多数党の政友会内閣ができ、自分に組閣の順番が来る――床次の脳裏にはそのような未来図が描かれていたのではなかろうか。

その床次の楽観の隙を衝くように、局面を一挙に流動化させたのは、政友会内で床次のライヴァルに成長しつつあった横田千之助《よこたせんのすけ》である。横田は、「政党リーダーたちの金の作法」で登場した星亨《ほしとおる》の書生から身を起こし、星の弁護士事務所で弁護士として働き、星と同じく栃木県の選挙区から代議士となった人物である。原敬からも重用され、原内閣では法制局長官を務めている。原死後の政友会で高橋是清寄りの立場をとっていた横田は、このまま清浦内閣成立を座視していることで、党内でも政局でも床次の優位が確立することを恐れた。その彼にとって、原内閣時の総選挙から四年近くが経過し、解散の有無にかかわらず、清浦内閣がまさに成立しようとしている大正一三年に総選挙が予定されていたことは、絶好の機会であった。

横田千之助の奇襲

そこで横田が勝負に出る。第一次護憲運動から大正政変への流れを再現するような、新たな護憲運動を起こそうとしたのである。「「密約」の起源」で述べたように、第一次護憲運動は、第三次桂内閣成立の舞台裏を知らない、民衆の誤解により発生した。この時の横田も、清浦内閣は時代錯誤の特権内閣、という誇張したレッテルを貼り、時代に逆行する「属僚政治」を志向する守旧勢力対因襲打破をめざす護憲勢力という、守旧派対進歩派のわかりやすい対立図式を国民に提示し、実際にその文脈での第二次護憲運動を起こすことに成功したのである。その意図は、横田が当時発表した論説（横田「此の昏盲《こんもう》の闇《あん》を滅せよ」、『改造』大正一三年三月号。のち『快男児横田千之助』所収）によく示されている。

そうしたイメージ戦略と併行して、清浦内閣成立とほぼ同時に、政友会分裂も想定した票読みと同志勧誘を開始し、院外団を動かして清浦内閣反対・政党内閣樹立の声を上げさせる一方、共同戦線を張るべく、ライヴァル党の憲政会にも工作の手を伸ばした。さらに、守旧派たる特権内閣打倒という運動のスタンスを際立たせるため、貴族院議員であった（したがって、衆議院に議席を持つことのできない）高橋是清政友会総裁に、爵位返上して来たるべき総選挙に出馬するよう要請する手まで打った。戦術も、そのスピードも鮮やかであった。だが、それに対して床次側の動きはあまりにも鈍く、緩慢であった。

政友会大分裂

大正一三年一月七日、清浦内閣成立。そこからの展開は目まぐるしい。同月一五・一六の両日にわたった政友会の幹部会において清浦内閣否認の党方針が決定され、それに反発した床次のグループは脱党、二九日に政友本党を結成した。この時点では政友本党に参加した代議士が一四九、政友会残留組が一二九と、床次側が優位に立っていた。政友会側では横田らが動き、憲政会と革新倶楽部（犬養毅《いぬかいつよし》が率いていた少数政党）にわたりをつけ、通称「護憲三派」と呼ばれる提携を成立させた。

図17　横田千之助（国立国会図書館「近代日本人の肖像」）

そのような中で清浦内閣は、前政権である第二次山本内閣が中断したままになっていた第四八回帝国議会を、一月三一日に解散した。それを受けての投票は五月一〇日であった。選挙戦の基本的な対立図式は、憲政会・政友会・革新倶楽部の「護憲三派」対政友本党である。選挙結果は、護憲三派側の勝利となったが、内訳は憲政会が四〇議席伸ばして一五四、政友会は逆に二八議席減らして一〇一、革新倶楽部は一四議席減の二九であった。政友本党は三五議席を失う敗北であった。この結果、一党だけ明白な勝利を得た憲政会総裁の加藤高明《かとうたかあき》を首班とする、護憲三派連立政権誕生への流れが生じ、六月一一日、第一次加藤高明内閣が成立した。いわゆる護憲三派内閣である。

この選挙は、前回、つまり四年前の原内閣当時、普通選挙の是非を世論に問うという趣旨で行われた総選挙と違い、特定の政策をテーマとするものではなかった。普選は変わることなく熱い議論の的となっていたが、横田が時代錯誤の特権内閣としていた清浦内閣も、「解散理由書」の中で普選を政策目標の一つと位置づけており、逆に護憲三派の方は普選を課題として強く意識していても、共通の政策目標として掲げるところまではできていなかった。清浦内閣と護憲三派との間の政策的距離は決して大きくはなかった（松本洋幸《まつもとひろゆき》「清浦内閣と第二次護憲運動」）。

一方、政友本党は清浦内閣を支持していたが、内閣の方は選挙戦の過程で特定の党に肩入れする姿勢を見せなかった。戦前の総選挙の場合、内相を通じて警察力を動員できる政権側に近い党が圧倒的に有利であり、現に内相経験もあってそれを熟知している床次は、清浦内閣の強力な支援を期待していたのであろうが、それは裏切られた。そもそも、元老・西園寺《さいおんじ》公望《きんもち》が清浦を内閣首班として推薦したのは、政党との縁が薄い清浦の政権下で、各党が対等な条件で来たるべき選挙を戦い、その結果により次期政権を決めようとしたためであって、最初から選挙管理内閣的性格を担わされていたのである。現に、内相であった水野《みずの》錬太郎《れんたろう》は、組閣から一ヶ月も経たない一月末の時点で、選挙の帰趨を今から予想することはできないが公平な選挙を遂行し、結果によらず退陣してもかまわない、という清浦首相の述懐を聞いている（「清浦内閣総辞職の経過顛末」、『水野錬太郎回想録・関係文書』）。すでに老齢に達し、特段の政策志向も野心も無い清浦は、西園寺の期待に充分応えた。そのあおりを食った政友本党は、解散前の第一党から第二党に転落してしまう。

床次は、清浦内閣成立の背景なり事情を、はたしてどの程度つかんでいたか。原敬在世時の事情や、政権は選挙に際して支持党の味方をするものという固定観念に基づいて行動していたとしたら、情報収集力や情勢分析力の欠如を問われてもやむを得ないであろう。

もがく床次

総選挙を受けて成立した第一次加藤内閣は、懸案の衆議院議員選挙法の大改正を断行し、原則として二五歳以上の成年男子すべてに選挙権を与える

図18　松本剛吉（松本剛吉著，岡義武・林茂校訂『大正デモクラシー期の政治　松本剛吉政治日誌』，岩波書店，1959年）

男子普通選挙を実現した。その他にも、行財政整理や貴族院改革にも手を着けた。そのように課題が解決されていったことは、政権を構成する護憲三派の提携が、その役割を終えつつあることを意味していた。

大正一四（一九二五）年四月、農相・高橋是清は辞意を表明し、政友会総裁も、原内閣当時の陸相で政友会と親しい関係にあった陸軍大将・田中義一《たなかぎいち》に譲ることを明らかにした。田中は入閣しなかったので、その分、政友会と政権との関係は遠くなった。五月には護憲三派の一角、革新倶楽部も分裂し、リーダーの犬養はじめ主要部分は政友会に合流した。三派連立から二派連立になったのである。

そのように局面が変化の兆しを見せていた中で、床次はどうしていたか。惨敗した総選挙の直後（護憲三派内閣成立以前）からまず模索したのは、政友会への復帰であった。自分が手勢を引き連れて政友会に復帰すれば数的には政友会は第一党に返り咲き、政権の受け皿になれる、自分にも浮上の目が出る――そんな思惑であったろう。床次は、松本剛吉《まつもとごうきち》

（冒頭に掲げた床次の発言の典拠となる日記を残した人物で、警察官から身をおこし、大臣秘書官・代議士・台湾総督府秘書官などを経験する一方、山県有朋・西園寺公望・原敬などのもとに出入りし、彼らの情報係や政界工作役をつとめた。彼の日記は大正から昭和初期の政治史を探る上での一級史料である）を通じて、元老西園寺に復帰の意図を伝えようとした。西園寺がどのような反応を示したかは史料には見えないが、おそらく問題にしなかったのだろう。西園寺が総選挙前に党を飛び出し、終われば即復帰を画策するというのはあまりに姑息であったし、西園寺が清浦内閣に託したものも理解できていない。その後も床次は西園寺、あるいは松本との接触を試みたが、自分に対する評価を高めることには成功しなかったし、そもそも自分に対する低評価を自覚してもいなかった。

熟柿を待つ

状況に変化が訪れるのは総選挙の翌年、大正一四年になってからで、前記のとおり護憲三派内閣に隙間風が吹き、革新倶楽部が政友会に吸収されたことで、憲政会対政友会という対立関係が醸成された。これは、そこから離れた位置にいる政友本党にとって形勢好転を意味した。キャスティングボートを握ることになるからである。事実、このあたりから床次は、憲政会に寄るとも政友会につくともとれる曖昧な言動をとるようになり、形勢観望しながら政友本党の存在価値を高めようとする姿勢を明らかにした。

さて大正一四年七月、第一次加藤内閣は政友会との関係破綻が原因で総辞職する。床次は自分に組閣の大命が降ることを期待した。総辞職自体が失点であるから、加藤高明への大命再降下はない。約四半世紀前、第四次伊藤博文《いとうひろぶみ》内閣が総辞職した際、客観情勢からは伊藤への再降下が有力視されたにもかかわらず、桂太郎《かつらたろう》組閣となった先例がある。また、加藤内閣への対決姿勢へと舵を切って、政変を起こしてしまった責任を負う立場にある政友会に政権が行くとも考え難い。消去法なら自分だ――床次は、そう考えたはずである。

床次の政友本党は、その時点では第一党の憲政会より四〇数議席少ない第二党に過ぎなかった。今日の目で見ると、その程度の勢力の党首に組閣の大命が降るのか、という疑問を禁じ得ないところであるが、大正政変のあと成立した第一次山本権兵衛内閣がシーメンス事件で倒れ、大隈重信《おおくましげのぶ》が後継首班に担ぎ出されて久々に二度目の組閣をした際、その大隈内閣の与党となった立憲同志会は、当時九〇名内外の議席数でしかなかった。しかし、たとえ政権発足当初は少数与党であっても、時機をとらえて解散を打ち、総選挙で勝ってしまえばたちまち不安一掃となるのであって、大隈内閣もまさにその道をたどった。その先例がある以上、床次が大望を抱いてもおかしくはなかった。

密約の罠

しかし、床次の期待に反して、西園寺が選んだのは加藤高明への大命再降下（八月一日）であった。今度は、憲政会単独内閣としての再出発である。

政策の実行ぶり、与党として機能し得ることが見込める憲政会の議席数、世論の支持などを評価しての選択であった（村井良太《むらいりょうた》『政党内閣の成立　一九一八～二七年』）。床次は落胆したであろうが、しかし、めげることなく憲政会への接近姿勢を強めていく。加藤内閣に恩を売りつつ適度な距離を保てば、次期政権への展望は開ける――床次はそう考えていたらしい。加藤内閣もなかなか巧妙で、床次の歓心を買うがごとく、彼と親しい関係にある（また、それだけに床次への同情論もあった）研究会から、四人もの政務次官をとっていた。

一方、西園寺は相変わらず床次を買っておらず、次期首班候補としては政友会の新総裁、田中義一を高く評価していた。西園寺にとって、床次が政権を視野に入れて蠢動《しゅんどう》することは政局の不安定要因でしかなく、それを封じるとともに政権の受け皿をつくることにもつながる政本合同、つまり政友会と政友本党との合同こそが当面の最善手であった。そして、現に松本剛吉をしてその工作にあたらせてもいたのである。

このような状況下、議会開会も間近に迫った一二月八日、床次に密約の誘惑がのび

図19　若槻礼次郎（国立国会図書館「近代日本人の肖像」）

てきた。加藤内閣の内相、若槻礼次郎が床次を訪ね、ある合意がまとまる。来たるべき第五一回帝国議会に提出予定の予算案及び税制整理案の議会通過に向けて協力することであった。両党間で従来から重ねてきた交渉の結実であり、いわゆる憲本提携が成ったのである。

この憲本提携成立は、若槻の後年の回顧（『明治・大正・昭和政界秘史―古風庵回顧録―』）によると、研究会の青木信光《あおきのぶみつ》と水野直《みずのなおし》との仲介で「床次と数回会ったが、それは政治上の取引をする意味ではなく、税制とか、いろいろの問題について、両人で話をして、意思の疎通を計ったというにすぎない」ということになるのだが、床次の方は、第五一議会で協力してくれたら次の政権を床次に譲るという密約がなされたと解釈した。

真相は文字どおり藪の中である。しかし、そこに至る床次の行動と、当時置かれていた状況を考えれば、若槻に何も代償を求めなかったということはあり得まい。床次は、当然最も欲しいものを求め、それに対し若槻が、床次に期待を持たせる何事かを口にしたことは間違いないのではなかろうか。少なくとも、会見時に若槻が連立を提議していることは事実なのである（『明治・大正・昭和政界秘史―古風庵回顧録―』に附された伊藤隆《いとうたかし》の「解説」）。そこからいずれ将来は……という話になるのがむしろ自然だろう。

このような憲政会と政友本党の接近は、政友会及び西園寺周辺の好まぬところであった。松本剛吉の工作がここで成果を挙げる。床次・若槻会談から三週間後、一二月二九日に、床次が憲政会に接近したことに不満な中橋徳五郎とその一派二〇名（鳩山一郎《はとやまいちろう》もその中にいた）が政友本党を脱し、翌年二月、政友会に身を投じた。この結果、憲政会と政友会の議席数は僅差になった（一六五対一六二）。一方、政友本党は八七議席にまで落ち込んだ。

細る政友本党

その間、またも局面の転換が起こる。中橋らの政友会合流の直前、大正一五（一九二六）一月二八日、加藤首相が病没した。翌日に若槻内相が憲政会総裁に推され、同時に組閣の大命も下される。原敬死去の先例にならったのであるが、加藤ほどの指導力を若槻には期待できないことから、密かな政治工作が動きはじめる。第三党に転落した政友本党を、憲政会・政友会両党が互いに自分の方へ引き寄せようとしたのである。

萎んでゆく希望

政友会は、有力代議士のひとり小川平吉《おがわへいきち》（護憲三派内閣で、横田千之助死去にともない後任の司法大臣になった）を交渉役に、政友会への復帰を求めた。当然の多数派工作であったが、若槻内閣の方も床次に連立を持ちかけてきた。しかし、床次はどちらにも首を縦に振らなかった。政友本党は一〇〇議席を割り込むところまで勢力縮小していたが、憲政会・政友会両党の議席数が拮抗《きっこう》してきた分、キャスティングボートとしての存在価値がかえって重くなったという事情もあったし、それに加えてやはり密約の存在が大きい。田中義一新総裁が就任直後で、当面自分を政権の座に導いてくれそうもない政友会などに、政友本党を安売りできないし、若槻と自分との間の約束はあくまで政権譲渡であると考えている以上、連立話などに簡単に乗るわけにもいかなかった。

加藤高明病死から四ヶ月後、大正一五年五月下旬、床次は連立拒否を若槻内閣側に申し入れた。小川平吉の観察では、床次は、議会終了後に若槻内閣が総辞職するものと考えていたらしい（小川「政本合同問題備忘」、『小川平吉関係文書　1』）。

しかし、若槻内閣は六月初めに閣僚二人を入れ替える改造を行っただけで、なお政権に居座り続ける。床次の焦慮を見越した小川は、ここぞとばかり政友会の方に引っ張り込もうとし、若槻内閣がたまたま疑獄事件その他で窮地に追い込まれると、倒閣のために共闘しないかと誘ったものの、床次の態度は依然として煮え切らなかった。小川は、ついには床次に対する西園寺公望の極めて低い評価を床次に向かって暴露するという、ショック療法に近い手段までとり（小川は政治工作の途上で何度か西園寺に接触しており、その際に西園寺の口から床次批判を聞いていた）、やっと床次の心を動かしたが、それでもなお小川は、床次が倒閣に徹しきれるのかという懸念を捨て去るところまではいかなかった。

政友会が、このようにして何とか床次に重い腰を上げさせかけるのと歩調を合わせるかのように、若槻内閣側でも対決に向けて動き出している。若槻内閣の逓相・安達謙蔵《あだちけんぞう》は、すでに六月の内閣改造から次期議会での解散・総選挙への備えを開始し、一二月には選挙を統轄する内相代理となって臨戦態勢を整えていた。

「諒闇」の重み

ところが、ここで局面はまたも急展開する。大正天皇崩御である。一二月二五日であった。これにより、諒闇《りょうあん》中（服喪中）の政争は避けるべきという機運が生まれ、憲政会・政友会・政友本党三党首会談による妥協が模索されることになった。その背景には、若槻首相の語る、自分は金のできない総裁だからという事情があったとされる（『明治・大正・昭和政界秘史—古風庵回顧録—』）が、実際はどうであったのかについては疑問もある。しかし、とにかく松本剛吉が動いて三党首を個別に説いてまわり、一月休会明け以降の筋書き（若槻首相の姿勢方針演説→政府攻撃質問開始→不信任案提出直前に三日間停会の詔勅→三党首会談で新帝新政開始にあたっての政争は謹む方針決定）を決めた覚書作成、それを三党首が了承して全てが終わった。

冒頭に掲げた床次の「嘘突き礼次郎」は、この時に松本から説得を受けた際、発したものである。若槻との間に政権譲渡密約が成立した（と、床次が認識した）時点から一年以上、じっと信じ続けたのであるが、その履行が凍結されたような展開に感情が溢れ、悲しいギャグの炸裂となったのであった。

生臭すぎる密約

「「密約」の起源」でとりあげた桂・西園寺間の密約は、定めた内容こそ、日露講和成立後の政権譲渡だけであったが、事実上、政界二分盟約として数年間機能し続けた。基礎的な要因として桂は官僚閥、西園寺は政友会と、勢力基盤が競合関係にないことがあり、また、桂・西園寺間の強固な同志的連帯感、伊藤博文・山県有朋ら元老たちの第一線からの退場、政局動揺を避けなければならない内外情勢といった条件の存在がその機能を支えていた。堅い上に品位が失われることのない、突出した密約であった。

それと比較すると、本章で主題とした密約は相当格調が落ちる。特に、床次の、若槻との間における、ありやなしやの密約にすがりつくような迷走ぶりは、気の毒だが悲喜劇というしかない。しかし、だからこそ、戦後の政局の節目で妖しく躍った政権譲渡密約に共通して作用した、法則のようなものの原型がそこに垣間見えるように思える。

基本的に、この種の密約は背徳的である。議会制民主主義は、政権交代を公正で公的・可視的な手続きで行うことに大きな意義を見出されている。それを、秘密裏に個人間の私的な約束でなそうという企ては、その意義を決定的に損なうものである。これは大原則、公理に属するものであろう。日本の戦前の議会政治は、現在のそれと比較して制約の多いものであったにせよ、密約が好ましくないことはいうまでもない。
ただ、それを承知の上でなおかつ密約なるものが結ばれ、それが以後の政局に影響を与えるのは如何なる条件が発生した場合か、また、密約がたどる過程はどのような条件に規定されるのかは考えてみる価値がある。それは、まさに密約の法則と呼ぶべきものということになるであろう。

密約の四つの法則

床次・若槻間の密約でまずわかるのは、密約が一時の安定を保つ目的のために結ばれるものだということである。これが法則の第一である。若槻が求めたのは来たるべき議会の無事なる乗り切りへの協力であり、それの代償に床次は政権譲渡を求めたわけである。緊急を要する状況の中で、とにかく当面の危機を回避するために密約は結ばれる。

第二に、密約とは曖昧なものにならざるを得ない場合が多い。本来背徳的なもので、また対象となるのが生きた政治過程なのであるから、きっちりとした契約には馴染まないということがあり、文書化しようにも制約は出てくる。最も有名な密約というべき鳩山一郎・吉田茂《よしだしげる》間のそれは、一応文書化されたらしいが、当事者のひとり河野一郎《こうのいちろう》の回想によれば、吉田茂が巻紙に鉛筆で認めたもので、現物は鳩山が身を寄せていた石橋正二郎《いしばししょうじろう》（ブリヂストン創業者）邸から音羽《おとわ》の鳩山邸に移る際に紛失してしまったという（『河野一郎自伝』)。あれだけ紛糾をもたらした文書にしては随分軽い扱いだが、想像をめぐらせば、元々メモ乃至《ないし》は心覚え程度のものとして吉田が作成したということなのかもしれないし、それは密約というものの本来のあり方の反映とも考えられる。

第三に、一時の安定を保つためのものという性格から必然的に導き出される法則として、状況が大きく変化すれば直ちに無効化しかねないということがある。床次がこだわり続けた密約は、そもそも加藤内閣時代に結ばれたという事情があり(その場合、当然若槻は加藤の意を体して床次と交渉したことになるだろう)、仮に加藤の死去を以て無効になったと若槻に宣告されたとしても、元々が曖昧な口約束だったこともあり、床次側としても追及のしようがないだろう。何がどうなったら無効になるという取り決めも無かったのであろうから、無効になったかどうかの判定権を若槻が行使したとしても、床次が正面切って異論を唱えることは簡単ではあるまい。

吉田・鳩山間の場合、鳩山の公職追放が解けても、吉田は政権も自由党も返そうとはしなかったが、その理由としたのは鳩山の健康状態であったし、一九七〇年代に福田赳夫《ふくだたけお》と大平正芳《おおひらまさよし》の間の政権譲渡密約のように、福田が政権担当中に相応の実績を挙げて内閣支持率も上昇したことから、派内の事情から総裁選に立つことになった、と大平への電話一本で反故にしようとした例がある。福田・大平間密約は、原文が今も保管されているというものだが、それほどきっちりと結ばれても、状況が変われば破られてしまうし、また、破ることに当事者が罪悪感を覚えることはあまりないものらしい。

岸信介《きしのぶすけ》などは、昭和三四（一九五九）年一月、安保条約改定に向けて党内の支持を固めるために、改定が成った時は直ちに退陣して副総裁の大野伴睦《おおのばんぼく》に政権を譲る、という趣旨の念書を書いたが（『大野伴睦回想録』）、その際、大野以下その場に立ち会った人々（大野の他には佐藤栄作《さとうえいさく》蔵相、河野一郎総務会長）に「約束は守る。ただし約束が実現するためには、あなた方が私に全面的に協力することが前提である。これは私とあなた方との約束である。もしもあなた方がこの約束を違えたなら、この誓約書はその瞬間に反故になるとご承知いただきたい」（『岸信介回顧録　保守合同と安保改定』）と、堂々と宣言したという。これから五ヶ月後の内閣改造の際、河野が反主流に転じ、状況が変わったということか、岸は退陣に際して大野を後継総裁に推すことはなかった。

しかし、第四の、そして最も重い法則は、信じる者は救われない、ということである。床次も、さらには鳩山一郎も、結んだ相手が密約を履行しないことで非常な心理的圧迫を受けている。福田赳夫の政権担当期間、幹事長として党内を完璧におさえ、福田に総選挙での勝利などという、政権延命につながりかねないポイントを挙げさせることを封じ切り、次に自分が控えているんだぞ、と常に福田に意識させる作戦を貫徹した大平正芳も、福田が再選をめざして総裁選への出馬宣言をした時には、怒りに震えたのである。信じれば救ってくれるのは神様だけ——それを、床次の例が鮮やかに示しているのである。

人間的なあまりに人間的な

蛇足かもしれないが、密約ならぬ政治家の法則についても一言しておく。床次が不承不承に松本剛吉の説得に応じ、三党首会談による妥協という筋書きに同意して、「嘘突き礼次郎」と罵った時の態度を、松本は「田中男とは打つて変り頗《すこぶ》る其態度女々《めめ》しく」と冷評している（前掲『松本剛吉政治日誌』昭和二年一月八日の条）。若槻との密約になお執着しているあたり、失礼ながら不実な男を憎みきれない、薄幸な女性を思わせる。「其態度頗る女々しく」といわれても仕方ないのかもしれない。

思い起こせば、白刃が闇を切り裂き、砲弾が虚空を飛び交う幕末の動乱をくぐり抜けた伊藤博文が初代首相となり、黒田清隆《くろだきよたか》が明治天皇から憲法を押し戴いたところから日本の立憲政治が開始された。公家出身の西園寺公望でも、戊辰戦争は経験している。幕末の血なまぐさい修羅場を、直接の実体験としては知らなかったであろう首相は、明治になってから半世紀後に首相になった原敬が最初であろうと思われる。首相経験者だけではなく、代議士となって記念すべき第一回帝国議会の開院式に明治天皇をお迎えした河野広中《こうのひろなか》でも、三春藩兵の一員として戊辰戦争に参加している。やがて自由民権運動へと身を投じ、福島事件の首魁として獄舎の人となったが、憲法発布にともなう大赦で出獄、翌年の第一回総選挙であっぱれ代議士となったのである。

こうした歴史を考えれば、大正から昭和に移る時期の日本の政界にも、一種マッチョイズムのようなものが流れていてもおかしくない。そうであるなら、松本に女々しさを露呈してしまっただけで重大な失点であるが、松本の口からそれが西園寺に伝わる可能性も、その瞬間の床次の脳裏からは飛んでしまっていたのだろう。正直で小心な性格を物語る。

政治家に要求されるタフさ

歴史に残るような事績を残した政党リーダーたち、戦前なら星亭や原敬、戦後なら吉田茂・岸信介・中曽根康弘《なかそねやすひろ》などは、時には相当に冷徹・酷薄な一面を見せた。床次には、そのような要素が欠けていた。「タフでなければ生きていけない、優しくなければ生きていく資格がない」とは、ハードボイルド作家レイモンド・チャンドラーの創造した探偵フィリップ・マーローが、「プレイバック」という作品の中で口にした名台詞だが、政界とは「タフでなければ生きていけない、優しくなければ生きていく資格が充分ある」という世界である。「嘘突き礼次郎」は、床次という政治家に、ある重要な資質が欠けていたことを象徴的に示していたのかもしれない。人間味豊かであることは、政治の世界では必ずしも美徳にはならないのである。

詳細は省略するが、その後の床次は政権を求めて政界を彷徨《ほうこう》していった。昭和四（一九二九）年には、約五年ぶりに政友会に復帰している。そこで一定の位置を占めることはできたものの、時代は大きく動きはじめ、昭和七（一九三二）年に五・一五事件が突発し、政党が単独で政権を組織することはなくなり、挙国一致内閣の一角を占める存在に過ぎなくなった。さらに二年後、昭和九年に岡田啓介《おかだけいすけ》内閣が成立する際、床次は党決定に背き逓相としての入閣に踏み切った。政友会からは床次の他に二人の閣僚と一〇人の大臣秘書官・政務官を出したが、床次以下全て除名された。

皮肉にも、そうなってから床次の評価は上がりはじめた。正直・小心な性格は、「和」が要求される挙国一致内閣の中での誠実な態度につながったのかもしれない。岡田は、組閣に当たって政友会の冷淡な態度に悩まされたが、入閣を決断してくれた床次を「救いの神」と評し、内閣成立後の「いい相談相手」と回顧している（『岡田啓介回顧録』）。それで再浮上の意欲を燃やしたのか、床次は昭和一〇年の春頃から新党結成を構想しはじめたと伝えられたが、同年九月に急死している。

床次は、成功した政治家ではなかったが、その生涯が示唆するものは少なくない。「嘘突き礼次郎」には、それが凝縮しているようにも思える。

牛歩戦術の御披露目興行

一人一人一歩一歩ゆるゆると葬列のような格好で、まるで病牛が屠所《としょ》に引かれていくかのように登壇して投票した。
（『東京日日新聞』昭和四年三月一〇日）

この時、新しい議会戦術が編み出された。まさに記念すべき一齣を活写しているだけでなく、新戦術の名称の由来となったであろう新聞記事を掲出した。サッカーその他スポーツにおける新しいフォーメーションなりシステムなどとは訳が違い、人間臭い政治の世界の話なので、清新なイメージからは程遠い。背景を知れば、なおさらその感を深くするに違いない。しかし、日本の議会史を考える上で、無視し得ないものを含んでいるように思えるのである。

生臭い裏事情

本章の題材は、戦後も時折使われた、いわゆる牛歩戦術の嚆矢《こうし》となったものである。周知のように、牛歩戦術は与党に対抗する野党の戦術の一つとして、戦後においても昭和二一（一九四六）年、樋《ひ》貝《がい》詮三《せんぞう》衆院議長不信任決議案の討論打ち切りに抗議をする目的で行われたものから、最近の安全保障関連法案審議の中の、山本《やまもと》太郎《たろう》参院議員単独によるものまで、いくつかの例が知られている。ただし、その先駆がいつの、どの事例であるのかは必ずしもはっきりしていなかった。

それを明確に指摘したのは前《まえ》田《だ》英昭《ひであき》「床次の小選挙区制法案と議事妨害」（『政治学論集』三六）である。同論文のタイトルどおり、牛歩戦術誕生の裏面では、引き続き御登場を願う床次竹二郎が、期せずして重要な役割を果たすことになったのである。

大正末の第二次護憲運動の際、床次は衆院第一党・政友会の多数派を引き連れ脱党、政友本党を結成して清浦奎吾内閣支持で総選挙を戦うも惨敗し、少数党に転落した。その後は憲政会・政友会二大勢力の狭間で懸命にもがくも成果を得ず、昭和二（一九二七）年三月憲政会に合流、その結果できた新政党・立憲民政党の、浜口《はまぐち》雄《お》幸《さち》総裁に次ぐ最高幹部として遇された。ところが、焦りからだろうか、それとも元老・西園寺公望の情報係兼政界工作員を務めていた松本剛吉の説得術が卓越していたからだろうか、約一年半後の昭和三年八月一日、床次は脱党・新党結成を表明する。この年二月二〇日に行われた総選挙において、田中義一政友会内閣は安定多数獲得に失敗、与野党の議席差八という、かつてない伯仲状態に陥ってしまった。これを憂慮した西園寺公望が松本を使い、床次を脱党に踏み切らせたのである。伯仲状態は政権を不安定にする、何とか打開しなければと考える西園寺と、キャスティングボートを握る第三党を率いた方が政権への捷径《しようけい》に映った床次、両者の思惑が一致した結果であった。

しかし、床次の思惑は外れる。まず、新党（脱党声明の翌月、昭和三年九月に「新党倶楽部」として旗揚げ）参加者は意外に少なく、二〇数名にとどまった。四〇名以上を見込んでいた床次には痛い誤算であった。また、新党結成の大義名分も説得力のあるものは打ち出せなかった。当初は田中内閣が多大な関心を寄せていた対中国政策（当時の中国は、蔣《しよう》介石《かいせき》麾下の国民党軍による統一が進行しつつあった）をそれにあてることを考えたが、思うように運ばない。やむなく苦肉の策として、つい五年前に男子普通選挙採用を骨子として改正されたばかりの衆議院議員選挙法の、再改正にたどり着く。五年前に採用された中選挙区制を、以前の小選挙区制に戻そうというのである。この再改正案を、田中内閣との合意の下に与党・政友会と共同提案することで、政権との連携強化、その先にある政友会復帰への下地づくりを目論んだのであった（以上の経緯は拙稿「第56議会における小選挙区制案の周辺」〈『選挙研究』一八〉参照）。

だが、わずか五年前に改正した新選挙法下での初の総選挙を、前年に実施したばかりの時点で、世論が望んでいるわけでもない選挙区制の大幅な再編に手を着けるのは、いかにも筋が通らない。しかも、提案されたのは、残りの議会日程からみて成立の見込みが相当怪しい時期であった。政局的思惑があまりにも見え透いた行動といえるだろう。民政党としては、意地でも法案の衆院通過を、しかも印象的に阻まなければならなかった。そこで新戦術発動となったのである。

考案者Xの功績

新戦術展開の様相は、帝国議会の議事録や『浜口雄幸　日記・随感録』などで追うことができる。それらによると、床次ら提出の衆議院選挙法改正案が本会議上程されたのは昭和四（一九二九）年三月九日のことであったが、これに対し、野党・民政党は徹底した引き延ばし作戦――議事妨害戦術をとった。上程当日の九日、法案撤回や議長不信任案などの緊急動議を次々と放つ。政友会も対抗上緊急動議で応ぜざるを得ず、ついには乱闘騒ぎにまで発展する混乱振りで、結局、床次は改正案提出者としての趣旨説明もできなかった。冒頭に掲げた『東京日日新聞』記事は、まさにこの日の緊急動議採決の模様を伝えるものであった。なお、翌一〇日は日曜日。この日も審議せよという政友会の主張は通らなかったという（前田英昭前掲論文）。

そして一一日。前回までに提出され、まだ議題になっていない緊急動議・決議案などは撤回あるいは取消の扱いとし、混乱前の状態に戻す合意の上で審議入りした。ようやく床次は提案趣旨説明にこぎ着けたが、その直後に長老・尾崎行雄《おざきゆきお》が議事進行の発言を求め、約三時間、憲法附属の法というべき衆議院議員選挙法の改正案を会期末になって提出することの非を鳴らすとともに、改正の内容自体の問題性を衝いて法案撤回を求めた。この時点ですでに夕刻になっていたが、尾崎に続いて民政党の斎藤隆夫《さいとうたかお》が登壇し、三時間以上にもわたろうかという質問演説を行って、時間の消耗戦での大戦果をあげた。

翌一二日。改正反対で民政党と立場を同じくしていた無産政党の代表として亀井貫一郎《かめいかんいちろう》が立ち、改正内容を批判すると同時に衆院の解散を求めた。これが終わると、再び緊急動議の応酬である。政友会の原惣兵衛《はらそうべえ》による、質疑はこれで打ち切り、議長指名による二七名から成る特別委員会に付託すべき旨の動議と、民政党の武富済《たけとみわたる》の、質疑を一四日まで延ばすべしとの動議である。先例により武富動議が優先されて審議されたが、武富の趣旨説明は実に五時間半にもわたるもので、斎藤隆夫にまさる大戦果であった。そこから、今度は無産政党までまじえた動議合戦に移り、それらの採決は翌一三日に持ち越された。その一三日、やっとすべての動議の処理と、選挙法改正案を附託する特別委員二七名の選出を終えた。同日、浜口雄幸は日記に「四日間ノ同志ノ血戦奮闘ノ結果遂ニ本日ニ持越スコトヲ得タリ」と書いている。上程から特別委員付託まで四日を費やすのは確かに異例で、浜口のさりげない筆致からも満足がうかがえる。

このように、初めて編み出された牛歩戦術は、単体ではなく、長時間演説とセットであった。二つ合わせて、強力な議事妨害の手段となったのである。

牛歩戦術今昔

敗戦後、本会議中心の運営をとっていた帝国議会から、アメリカ流の常任委員会中心方式による新憲法下の国会に移行し、また質問時間の厳格な配分など、管理的な運営がなされるようになったことで、長時間演説による議事妨害などは難しくなった。しかし、採決時の投票などに思い切り時間をかける牛歩戦術の方は、まだ生き残っている。滅多に用いられないとはいえ、野党の抵抗手段の選択肢としては健在なのである。

第二七代参院議長をつとめた江田五月《えださつき》（細川護熙《ほそかわもりひろ》内閣の科学技術庁長官、菅直人《かんなおと》第二次改造内閣で法相・環境相）によると、参議院で押しボタン採決を導入する際に一悶着あり、その理由は牛歩戦術が使えなくなるからというものであったという。そこで、五分の一以上の議員の動議があれば、伝統的な木札（白色が賛成、青色が反対）による記名投票も可能ということにしたのである。江田は、「この木札による採決は人気があります。押しボタンよりも木札の方が重厚で、権威があるという思い込みがあるのでしょうか。本予算の採決や重要法案の採決の時は木札を使うことが多いのです」と述べているが、単なる郷愁ではなく、使う機会がどれだけ少なかろうと、牛歩戦術は残しておきたいオプションということなのだろう（江田「二〇一一年法政大学大学院政治学講義」の第七回「選挙制度改革」。HP「江田五月　新たな出発」〈https://www.eda-jp.com/old-index.html〉）。

管見の範囲では、戦後において牛歩戦術発動となった案件一覧というような、信頼すべきリストを見出すことはできなかったが、戦後第二回目の総選挙（昭和二二年四月二六日）で初当選し、党副委員長などを務めた社会党の山本幸一《やまもとこういち》によると、社会・民主・国民協同三党の連立による片山哲《かたやまてつ》内閣当時、政権の目玉政策であった炭鉱国家管理法案審議の際、野党であった吉田茂率いる自由党が使っているという（山本幸一『山幸風雲録』）。他には、憲法改正に執念を燃やす鳩山一郎が、そのための条件整備として昭和三一年に小選挙区制案を提出した時、やや降って昭和四四年の大学運営臨時措置法案の採決（佐藤栄作内閣下。衆院本会議での牛歩を繰り返し、国会に五泊六日となったという）、比較的新しい例としては、昭和六二年四月、中曽根内閣が提出した売上税（消費税の一種）法案と予算案をめぐって与野党が激突したケース（野党議員には「一分間に一メートルだけ進むこと」という指令が出たという。読売新聞調査研究本部編『証言・戦後議会政治の歩み　日本の国会』）、そして宮沢《みやざわ》内閣当時のPKO法案（国連の平和維持活動への自衛隊出動を可能にするための立法）などが挙げられる。

いわゆる「五五年体制」と呼ばれる、自民党と社会党その他野党との、比較的円満な関係に基づく洗練された国会運営下でも、党のアイデンティティに関わるような重要案件、対決法案については、本気で戦っている姿勢を見せるための手段として、牛歩戦術は失ってはならない戦術・手段だったのだろう。

このように見てくると、第五六議会で民政党が初披露した牛歩戦術はなかなかの影響力を発揮したことになる。ただ、残念なことに、世界でも類例を見ることが少ないという、この牛歩戦術の考案者が誰であるかはよくわかっていない。議会運営方式・慣習研究の第一人者である前田英昭の前掲論文でも、それについて触れていない。

牛歩戦術は、それ自体あまり冴えた印象を与えるものではない。原因なり背景を知らなければ、珍妙な集団パフォーマンスにしか映らないであろう。しかし、議事妨害一般は野党、あるいは少数党が抵抗の意志を強烈に示したり、まさに民政党が成功したように、時間の壁を利用して問題のある法案成立を阻んだりするための手段として、大いに認められて然るべきなのである。極論すれば、合法の範囲内であれば、また道義に反していなければ、野党はいかなる手をつかってもかまわないのである。そうした観点に立てば、議事妨害の新機軸たる牛歩戦術の創始者――仮に考案者Xと呼ぶが、彼の功績は称えられてよい。その名が知られることのないのは、衷心より残念に思う。

アメリカ映画の中の議事妨害

世界は広い。議事妨害の場面をクライマックスとする名作映画がかつてアメリカにあった。一九三九（昭和一四）年製作の「スミス都に行く」である。人情コメディ、というよりは大人のファンタジーのような作品をつくらせればハリウッドで右に出る者なき名手、フランク・キャプラ監督の代表作の一つといえよう。ストーリーは次のようなものだ。

ある州の上院議員が急死し、後継に担ぎ出されたのがボーイスカウトの団長を務める、純朴な青年ジェファーソン・スミス。政治には経験も知識も無く、頭脳明敏というわけでもなかったが、その点こそ、彼を担ぎ出した地元の有力者——早い話が州政界を牛耳るボスのつけ目であった。ボスはある土地を安く買い占めた後、そこに新規建設予定のダムを誘致し、巨利を得ることをたくらんでおり、その工作のために操縦の容易なスミスを上院議員にしたのである。

そうとは知る由もないスミスは、勇躍ワシントンに乗り込んだものの、素人の悲しさで新聞記者に馬鹿にされるなどさんざんな目に遭い、名誉挽回のために父の親友であった先輩議員（実は、例のボスに籠絡されて悪事に加担していた）の助言を受けて、一つ法案でも提出して存在をアピールしてやろうと、少年のためのキャンプ場を建設する法案を作って提出する。ボーイスカウトの団長であるスミスにふさわしい、微笑ましい法案だったのだが、スミスがキャンプ場にと考えた場所こそ、ボスが買い占めようとしていた場所だったことから事態は急展開してゆく。スミスの法案に驚いたボスと先輩議員は、そんな法案を通されたら一大事と、ありもしないスミスの不正行為をでっち上げる。追い詰められたスミスは、まさに一世一代の勝負に出る。自分の追放が決まろうかという上院の議場で、体力の続く限りの長時間演説を展開するのである。その必死の姿に、でっち上げの片棒を担いだ先輩議員は良心の呵責に耐えられなくなる――。

キャプラの演出はもとより、当時三一歳の若きジェームズ・スチュアート（中年期に達した戦後も、ヒッチコックの名作「裏窓《うらまど》」・「めまい」の主演などで強い印象を残した）の純朴な青年議員ぶりや、彼を助け、激励する女性秘書に扮したジーン・アーサーの好演も忘れ難いが、筆者が注目するのは、このような映画を生み出すアメリカという国の精神風土である。

「自惚れ鏡」の中の光景

映画とは「自惚れ鏡」（自分が実際よりずっとすばらしく見える鏡）のようなものだ、ファンはスクリーンの中に理想化された自分自身を見、惚れるのだ――そう指摘したのは映画評論家・佐藤忠男《さとうただお》の著書『映画をどう見るか』である。同書の中で「スミス都に行く」もとり上げられているが、佐藤は「現実には到底ありそうにない政治のお伽噺《とぎばなし》にすぎないが、現実味があろうとあるまいと、こういう物語をぬけぬけと展開できるところに、一九三〇年代、四〇年代のアメリカ映画の良さがあった」と、もっぱら「スミス都に行く」の持つ時代色に着目している。

時代色はさておき、当時の観客が「スミス都に行く」を見て何を自惚れたかったかといえば、健全で強靱なアマチュアリズムこそ政治腐敗をただす原動力なのだ、というアメリカ政治の理想像だろう。草の根民主主義の原点がそこにある、という素朴な信念とも言い換えられるかもしれない。いわば民主主義の原点、原風景を見出している。

「八番」は必ずいる

アメリカはこの種の映画が好きだ。立法を担う議会にとどまらず、それと分立する司法制度の姿を、刑事裁判を題材として描いたのが、シドニー・ルメット監督の「十二人の怒れる男」（一九五七年）である。父親殺しの容疑で逮捕された少年を被告とする裁判の審理が終了し、一二人の陪審員たち（いうまでもないが、一般市民から選ばれている）が、有罪か無罪かを判定すべく別室に向かう場面（彼らの後ろ姿を見送る被告の少年の表情が印象的だ）から物語は始まる。最初、陪審員たちは軽い気持ちで有罪にしようとする。証拠類も証言も、少年の犯行であることを明らかに示しているのだから当然であるが、ヘンリー・フォンダ扮する八番（陪審員たちは実名でなく番号で呼ばれる）の陪審員だけが無罪を支持する。全員一致原則のため即決にならず、議論をしなければならなくなったことで、他の一一人は程度の差はあれ、いるんだよな必ず、こういうへそ曲がりが、とばかりにうんざりしたような反応を示す。だが、八番は屈しない。静かに、しかし鋭く証拠や証言の矛盾点や曖昧さを衝き、他の陪審員たちを説得してゆく。そして、最後には全員一致で無罪の結論に達する。

この「十二人の怒れる男」も、実は佐藤忠男が前掲書で取り上げている。佐藤はこの映画のドラマとしての面白さを高く評価すると同時に、人権尊重や、話し合いと説得による合意、その場の大勢や権威に迎合しない姿勢など、民主主義に欠かせない諸要素をみごとに伝え得ていることに感動している。しかし、「見終わって一種のこわさも感じた。というのは、あの勇気ある個人がいなければ少年は有罪になっていたであろうからである」とも書いている。実際、日本ではこの「十二人の怒れる男」を、人が人を裁くことの怖さ、重さを描いた名作と評価することが多いと思うし、筆者も佐藤と同じ感想を持った。ただ、アメリカ人ならそうした感想とともにこう考えるはずだ。どんなケースでも必ずや「八番」はいる、それでこそわがアメリカだ、と。そうでなければ、「自惚れ鏡」として完結せず、アメリカで高く評価される（アカデミー作品賞・監督賞にノミネートされた）こともなかっただろう。

映画の中のアメリカ大統領像

立法、司法ときたからには、次は行政である。最高権力者である大統領にも、アメリカ映画は主役を演じさせている。

マイケル・ダグラスが「アメリカン・プレジデント」（一九九五年）で演じた大統領は、彼の環境問題への取り組みの甘さを批判する女性ロビイストと恋に落ちる。大統領に当選した際、妻と死別した直後で同情票を集めた経緯があったため、彼女との関係は危うさをともなうものであった。次期大統領の座を狙う政敵がそこに目をつけ、マスコミに情報をリークしたことから、大統領は窮地に陥り、女性ロビイストは身を引こうとする。しかし、大統領は彼女との関係を公表し、記者会見を開いて、自らの再選可能性など度外視して環境問題と銃規制問題に本腰を入れる意志を表明するとともに、政敵への毅然とした姿勢を示す。

ハリソン・フォードが「エアフォース・ワン」（一九九七年）で扮した大統領はもっとすごい。大統領専用機をハイジャックしたテロリストたちと大立ち回りを演ずるのである。理性的だが人間味もあって懐が深く、不当な攻撃には敢然と立ち向かい、時にはマッチョな逞《たくま》しさも発揮する。アメリカ国民は賢明にもそのような大統領を選んできたのだ、という自負が、この二作品には垣間見える。マッチョ願望の度が過ぎて、ドナルド・トランプを選んだか、という野暮な半畳は控えておこう。

番外編だが、最高権力者たる大統領が道を踏み外したらどうすればよいのか、良心的な個人、あるいは草の根に期待することはできないのではないか、と心配する向きにも「自惚れ鏡」は用意されている。アラン・J・パクラ監督の「大統領の陰謀」(一九七六年)である。

一九七二年六月に発生したウォーターゲート事件(ワシントンDCの民主党大統領選対本部に侵入して盗聴器を仕掛けようとした一味が逮捕されたことから、同年の大統領選で再選を果たした共和党のリチャード・ニクソン大統領が二年後、任期半ばで辞任に追い込まれた事件)を徹底取材した『ワシントン・ポスト』記者ボブ・ウッドワード、カール・バーンスタイン(ともにピュリッツァー賞受賞)の活動を追ったものである。困った大統領にはジャーナリズムが黙っていないというわけだ。実話の映画化だけに、訴求力は相当なものがある。

原点のありか　このような、アメリカが映画の中で問い直してきた民主主義・議会政治の原点なり原風景、あるいはもっと踏み込んでアイデンティティといったようなものは、少なからざる国がおそらく持っているのだろう。

イギリスには、議会政治の祖国としてのゆるぎない伝統がある。バブル崩壊後の政治の沈滞を打破しようとして日本で試みられた「政治改革」も、理想とされたのは、首相が強力なリーダーシップを揮い得るイギリスの議院内閣制――いわゆるウエストミンスター・

モデルであった。

フランス共和制は、数十万、あるいは百万を越すともいわれる人命を犠牲にしたフランス革命により購《あがな》われたという、重い歴史を負っている。国歌の「ラ・マルセイエーズ」からして革命の熱狂の中でつくられた軍歌・革命歌であったことは、あまりにも有名だ。

建国から約二五〇年と、まだ新しい国家であるアメリカには、もとより英仏両国のような歴史も伝統もない。しかし、雑多な移民の集合体から植民地時代を経て、文字どおり草の根から連邦制国家を建設してきた自負を不断に反芻し、鍛え上げてきたのだろう。「自惚れ鏡」としての映画は、その一つの表れといえる。

このような原点なり原風景を持っていることは、その国の議会政治にとって強みとなるのではなかろうか。行き詰まった時、そうだ、あの時代、あの時の精神に立ち帰ってみようという地点があることは、政治をあらぬ方向へ走らせないための安全弁の一つとなるのではないか。その点、日本はどうか。誰もが思い浮かべる原点、原風景はあるだろうか。

大日本帝国憲法が発布され、第一回帝国議会が開幕してから現在に至るまでが百三十数年。単に歴史なり伝統に注目するのであれば、長いとはいえない。また、その間に原点というべき劇的な瞬間があったかといえば、必ずしもそうとはいえないのではないか。

かつてなら自由民権運動なり、敗戦後における日本国憲法の公布・施行などが有力候補たり得たかもしれない。しかし、民権運動についていえば、最近の研究動向として明治政府と民権運動とが日本の国家目標を共有していた側面がむしろ強調されるようになり、民権運動に民衆の見果てぬ夢が託されていたというような歴史像は薄れつつある。日本国憲法に象徴される新生日本のイメージも、憲法施行から四分の三世紀を経た今、かなり相対化されている。

実際主義の功罪

平成二（一九九〇）年、帝国議会開設からちょうど一〇〇年という節目を記念して開催された『議会開設百年記念　講演会・シンポジウム―我が国議会の過去・現在・未来―』の席上、政治学者・京極純一《きょうごくじゅんいち》は、近代日本における議会政治の定着を、民族学者・梅棹忠夫《うめさおただお》の「日本人は、ほとんど生物的なまでに、実際主義的である」という言葉を引用しつつ、次のように総括している。それはすなわち、「立憲政治を実現」していく機能と、「法治国家とリベラリズムの政治制度」を実現する機能を併せ持つ議会政治の「ナチュラリゼーション（国民化、土着化）」を、実際的にして制度の使いこなしに世界最高の能力を持つ日本人が、みごとに達成していった過程である、と。確かに、議会政治の導入と定着は、ペリー来航で開国せざるを得なくなった日本にとって、欧米列強に対し独立を維持しつつ国際社会で生き残っていくために避けて通れない、最も重要にして喫緊の課題であり、その過程で日本人の実際主義的特性が十二分に発揮されたことは間違いない。

例を挙げれば、有権者が全国民の一・一%という厳しい制限選挙であった第一回総選挙から、男子普通選挙の導入まで三五年しかかかっていない。しかも、その間に二回の選挙法改正をはさんでいる。時々の情勢に応じて、現状に安住せず、柔軟かつ敏速に手直ししてきた結果である。そうであるならば、印象的な場面に際会して感動に浸っている余裕などあろうはずもなかった。原点なり原風景の不在には、相応の理由があったのである。

「スミス」はありや

牛歩戦術の創始は、日本における議事妨害戦術の本格的登場であり、日本の議会文化の一定の成熟を示すものであったとは思う。牛歩戦術の御披露目が行われた第五六議会が閉幕した翌年、昭和五（一九三〇）暮れに開幕した第五九議会では、今度は攻守ところを変え、野党となった政友会が、浜口雄幸民政党内閣を攻撃する側にまわった。政友会は牛歩戦術こそつかわなかったが、その代わり、金解禁にともなう不況やロンドン海軍軍縮条約問題、果ては当時療養中の浜口首相の登院問題（当時は幣原《しではら》喜重郎《きじゅうろう》外相が臨時首相代理を務めていた）などを攻め口に執拗な質問攻勢をかけた。これも、一種の議事妨害戦術であり、それが応酬されるようになったことは、ある意味二大政党対決の政治構造が固まった象徴とみることもできなくはなかった。

だが、残念なことに、この議会戦術の高度化はポジティヴな効果を生まなかった。憲法で会期を三ヶ月と厳格に規定され、会期延長は可能だが、詔勅を請うて天皇の手を煩わせる以上、おいそれとはできないという、当時の帝国議会の環境下では、議事妨害戦術は効果の強すぎる劇薬であった。その応酬が始まったことはプラス・イメージでは語られず、かえって無用の混乱を引き起こし、議会の機能を損なうものとして論じられるようになった。二大政党対立構造に基づく、約八年間の政党内閣時代は、原点にも原風景にもなり得なかったのだ。そこに「スミス」が現れようはずはなかった。考案者Xは、たぶんこれからもずっと、歴史の淵に身を潜め続けることになるだろう。

井上準之助の「意地」

政党の意地だから、やらぬ。（岡田益吉『新聞記者の昭和史　昭和のまちがい』）

典拠となった回顧録を書いた岡田益吉《おかだますきち》は、『読売新聞』や『東京日日新聞』（現在の『毎日新聞』の前身）の記者を務め、後に満州国にも勤務した人物。有無を言わさずはねつける調子の、問題の言葉を吐いたのは、当時の大蔵大臣・井上準之助《いのうえじゅんのすけ》。昭和六（一九三一）年秋頃、大蔵省担当の某新聞記者が、イギリスが金輸出再禁止（金本位制停止）に踏み切ったのに日本もならうべきだと勧めたのに対する答えである。「やらぬ」とは、金本位制停止をやらぬという意味であり、要するに金本位制をあくまで続けると明言したのである。

図20　井上準之助（国立国会図書館「近代日本人の肖像」）

あくまで続けた結果を知っている立場からすると、続ける理由に、もう少しで金本位制の効果が出てくるはず、とでもいうならともかく、「政党の意地」を持ち出されるのは違和感を禁じ得ないし、金本位制による深刻な不況に喘いでいた当時の国民は、もとより浮かばれない。大正末から昭和七（一九三二）年まで、約八年間とはいえ日本の政治をリードした政党内閣は、この意地を転換することも抑制することもできず、退場したのである。

大戦前世界への郷愁

井上が固執した金本位制は、一八一六年のイギリスにはじまり、第一次世界大戦まで国際社会で当然とされていた通貨制度である。端的にいえば、国の通貨価値と、安定資産である金とをリンクさせる制度ということになる。日本なら一円＝金〇・七五グラムと定める。そして、紙幣と金とは交換可能というのが原則であるから、金本位制をとる国であれば、各国は発行した紙幣と同じ値打ちを持つ金を蓄えておかなければならない。言い換えれば、各国は自分の持っている金の保有高に応じた量の通貨しか持つことはできない。

この金本位制のメリットは、物価の調節機能と貿易収支の調節機能である。

金本位制のもとでは貿易の輸出入の差額は金で決済される。輸入超過になれば金が流出し、国内の通貨量は必然的に減る。そうなると国内の所得は下がり、物価も下がる。したがって輸出が増え、貿易収支は改善されてゆく。逆の場合は当然逆の力が働く。輸出超過となれば金がたくさん入ってきて通貨量が増える。そうなるとインフレ、つまり物価が上がり、輸出は抑制されて輸入が増える。金本位制はこのような自動調節機能が働くシステムとして信頼された。日本の場合、日清戦争に勝利して得た賠償金などを原資に、日清戦争終了から二年後の明治三〇（一八九七）年に金本位制を導入している。

この金本位制は、一〇〇年間年間維持された末に停止された。第一次世界大戦の影響である。戦争はイレギュラーに巨額の支出を求める。戦争の当事国は、金の保有高に応じて貨幣量を、などと悠長に構えていられなくなり、必要な戦費の分だけ貨幣発行を強いられる。必然的にどの国も金本位制維持は不可能になり、金本位制の根幹である金輸出を停止し、金本位制から離脱していった。日本も大正六（一九一七）年に離脱している。

戦後世界を覆う圧力

しかし、第一次世界大戦が終了すると、表現するのは難しいが、金本位制復帰圧力のようなものが世界を覆いはじめる。戦争という非常時が終わったのだから元の状態に戻るのが当然と考えるのはあたりまえで、圧力と称するのはおかしいのではないかといわれそうだが、第一次世界大戦が国際社会にあたえたインパクトは、現在の想像を超えるものがあった。今日からそれが見え難くなっているのは、第一次世界大戦がもう一〇〇年以上前の出来事であるのに加え、終了からわずか二〇年後、核兵器も使用され、第一次世界大戦以上に大きな犠牲を生んだ第二次世界大戦がおこったことを知っているからにすぎない。

それ以前の戦争と比較して、第一次世界大戦のどこが画期的かといえば、犠牲者数と戦争参加国の広がりがまず前例がない。毒ガス・戦車・飛行機などの新兵器が投入されたことが原因で、戦死者数がそれまでと比較にならぬほど多数に上った。参加国も、大戦勃発の段階では、まだヨーロッパの戦争にとどまっていた。大正三（一九一四）年八月に日本がドイツに宣戦を布告するが、日本の果たした役割は限られている。世界戦争に拡大するのは、その三年後にアメリカがドイツに宣戦を布告してからである。

しかし何より、戦争による精神的影響が無視できなかった。ナポレオン戦争こそ例外的であったが、一九世紀にヨーロッパ諸国家間で行われた戦争は、ごく一部の人々の意志によって、国民生活に深刻な影響を与えないかたちで遂行された、いわば政権同士の争いであった。一八六六年のプロイセンとオーストリアとの、わずか七週間で終わったため「七週戦争」ともよばれた戦争（プロイセン・オーストリア戦争）などがその例である。

ところが、第一次大戦は、世界の多くの国々を巻き込んだばかりでなく、一般国民の生活にも深刻な影響を与えた。前線の兵士に限らず、銃後の国民も動員されたこの戦争は、国のもてる力をあげて取り組む初めての「総力戦」であった。ロシアのように、革命により戦争から脱落する国さえ出た。一九二八年に成立した不戦条約に示されたように、戦争を行うことは独立国家に与えられた権利であるという考え方を否定し、侵略戦争を違法なものとする動きが起こったのも、要因として大きかったのは、何より第一次世界大戦の悲惨さがもたらした精神的影響であった。

その精神的影響がもたらした効果として、もう一つ見逃せないのが、大戦前の状態こそ理想で、そこに戻りさえすればうまくいく、という強い郷愁のような思いであった。戻らなければ人類の幸福はないのだという強迫観念と言い換えられるかもしれない。それが各国の背中を押していくのである。

戦前は正しかった

大戦がそのような影響を与えたことの反動で、大戦前の状態に戻ることこそが正しい政治的選択なのだとする気運が生まれた。金本位制への復帰もその一環であった。大戦が終わると、欧米主要国は金本位制復帰へと動きはじめる。アメリカは他のどの国よりも早く一九一九年、講和条約締結の年に復帰を果たした。イギリスは一九二五年、それから三年後にはフランス。かくして、主要国で金本位制に復帰していないのは日本だけになった。それを受けて、日本も金本位制に復帰すべきであるという議論が高まってきた。

また、そのような、いわばグローバル・スタンダードに合わせる観点からだけでなく、金本位に戻れば戦後不況から抜け出せるという主張も台頭してきた。戦後不況に見舞われた日本は、関東大震災の追い打ちも受け、それを救済すべく財政支出を増やしたのが原因で通貨量が膨張し、国内物価の上昇を招いた。それに加えて産業合理化も不徹底だったため、日本製品には競争力がなく、輸入超過を招いた。財政を緊縮・整理し、放漫財政を改めて国内物価を下げ、金を蓄積して金本位制に復帰する。そうすれば為替相場が安定して輸出が促進され、日本経済は回復するという声が大きくなったのである。

浜口内閣の挑戦　その金本位制復帰＝「金解禁」（金の輸出解禁の意）にいよいよ手を着けようとしたのは昭和四（一九二九）年七月に成立した浜口雄幸内閣である。与党は立憲民政党。床次竹二郎率いる政友本党が、第一次若槻礼次郎内閣の与党・憲政会に合流して昭和二年にできた政党であった。その総裁であった浜口を首相とし

（原敬以来の、衆議院に議席を持つ首相。高橋是清・加藤高明・若槻礼次郎は爵位を持つ関係で代議士にはなれなかった）、蔵相には日銀総裁を二度務めた井上準之助を党外から迎えた。このコンビが金本位制シフトであった。

組閣早々、浜口内閣は「十大政綱《せいこう》」と呼ばれる政策目標を掲げるが、その中で金本位制復帰及びそれと密接な関係を持つ項目は四つを占めた。金解禁の他の三つとは、財政整理緊縮、非募債・減債（新たな国債募集はせず、現に発行済みのものを減らす）、そして軍縮。浜口内閣は、補助艦の縮減をはかったロンドン軍縮会議に参加し軍縮条約締結に成功するが、軍縮はもちろん国際協調の意味合いが強くあり、その限りにおいては外交・軍事の問題であった。しかし、金解禁のための歳出抑制に最も効果的なのが軍事費の削減で、その点において軍縮は金解禁の一環であったし、同時にまた、軍縮を喜んで受け容れるはずのない海軍を説得する論理としては金解禁が有効であった。つまり、金解禁には海軍軍縮が必要で、海軍軍縮のためには金解禁が必要、という関係にあった。

図21　浜口雄幸（国立国会図書館「近代日本人の肖像」）

政権発足間もなく浜口内閣は金解禁の準備に着手し、前の政権が決めて現に執行中であった昭和四年度予算から約一億五〇〇〇万円を整理・節約し、公債発行額も予定額より五九〇〇万円削減した。次年度、つまり昭和五年度予算案では公債を発行しないこととし、総予算も前の年度から一億七〇〇〇万円減額した。

財政整理を急ぐ余り、昭和四年一〇月、浜口内閣は官吏減俸案を突如発表した。政府自ら身を切る姿勢を国民に示し、緊縮財政に理解を得ようという狙いである。しかし、これには各省から猛反発が起き、撤回を余儀なくされた。余談だが、当時商工省（現在の経産省の前身）で減俸反対のリーダー格となったのが岸信介。戦後の首相で、安倍晋三《あべしんぞう》・元首相の母方の祖父である。これはまさに勇み足であったが、政府としてはそれほどの熱意と覚悟で緊縮財政を実現しようとしたのである。

熱狂と幻滅

こうした政権の熱意は国民にも向けられ、消費節約の国民運動もおこされた。井上蔵相などはその一環として講演会を開いてまわり、最盛期は一週間に二七回に及んだ。京都の講演会では聴衆が演壇まで溢れ、前列にいた老人が五、六人、井上に向かってお賽銭を投げたという挿話まで残っている（前掲岡田益吉『昭和のまちがい』）。講演で何を訴えたかといえば、国民は輸入を極力抑えるため外国製品など買わず我慢し、企業は厳しい環境の中で努力して生産性を上げ国際競争力を高めれば、やがて日本経済は大きく躍進する展望であった。こうした熱狂の中で組閣半年後の昭和五（一九三〇）年一月、金輸出は解禁され、日本は金本位制復帰を果たした。

さて、組閣して半年後、浜口内閣は政権基盤を固め、また政策に対する信を問うべく、金解禁と同時に解散に打って出る。投票は二月二〇日で、結果は与党・民政党が二七三議席を獲得して衆議院の単独過半数を占める勝利を収めた。これで、軍縮実現などと並んで金解禁は国民の信任を得たことになるが、見方を変えれば、金解禁を背景に選挙に勝ったという事実は重くのしかかり、それが内閣の態度を拘束するものともなった。井上蔵相の「意地」の原因の一半はこれであったろう。

時間の経過とともに、金解禁の政策的失敗は明らかになっていった。深刻な不況の進行である。もちろん、金解禁は緊縮政策であるから短期的には不況になる。総選挙の際に与党・民政党が金解禁を景気回復に直結するような、誤解を招く表現でアピールしたことはあったが、浜口内閣は国民をだましたわけではなく、むしろ率直に伝えている。浜口は、「緊縮節約は固《もと》より最終の目的ではない。〔中略〕明日伸びむが為に、今日縮むのでありますす」（「全国民に訴ふ」。『浜口雄幸氏大演説集』所収）と国民に訴えているのである。そこへ、金解禁前年の一〇月、アメリカの株式大暴落に始まる世界恐慌の波が日本を直撃する。井上準之助などが世界恐慌を認識していなかったわけではないが、一〇年ごとに不景気はくるものという、平常時の感覚から脱け出られなかった。

もう一つの原因は、為替相場にあった。かつて金本位制が健全に機能していた時代の為替レートは一〇〇円＝四九・八五ドルであった。金解禁時点のそれは一〇〇円＝四五ドル程度である。日本経済の弱さを反映して円は安くなっていたのである。しかし、浜口内閣は旧レートでの解禁を断行し、実質的には円を切り上げた。それは輸出を直撃し、日本経済へのさらなるダメージとなった。

何故浜口内閣が旧レートでの解禁に舵を切ったかについては、明確に示す史料はない。最近の研究では、とにかく第一次世界大戦以前への復帰をめざす姿勢が強かったためではないかといわれている。他の選択肢（新レートでの解禁）を主張する向きもあった。一部の経済評論家・経済ジャーナリストたち、今ならさしずめ民間エコノミストである。具体的に名前を挙げれば、『東洋経済新報』の石橋湛山《いしばしたんざん》（戦後の首相）や、著名な経済評論家・高橋亀吉《たかはしかめきち》といった面々であったが、彼らに政策の修正を迫る力はなかった。しかし、結果的には彼らの危惧があたり、日本は未曾有の、そして出口の見えない不況に陥った。

もがく政党

金解禁から一〇ヶ月後の昭和五年一一月、浜口首相は海軍軍縮条約と恐慌に憤る右翼青年に狙撃されて重傷を負い、療養生活の末、翌年四月に退陣して第二次若槻内閣に後を託し、八月に死去する。その少し後に冒頭の井上蔵相発言があった。

はなばなしくぶち上げた政策が行きづまった政権を、持続させることは難しい。持続させようと思えば、見通しが険しい政策を成果が挙がるまで続けていくか、合理的に転換させていく以外にない。若槻内閣が直面したのがまさにこの状況であった。ところが、奇妙なことに、政権の持続が難しい一方で、終わりにするのも難しかった。そこに、戦前の政党政治のわかりにくさがある。

与党・民政党と野党・政友会は、ともに約四半世紀後に誕生する自民党の前身にあたる。しかし、この時点での両党は戦後の自民党のような、ある意味わかりやすい派閥連合政党ではなかった。派閥連合政党であれば、たとえば反主流派が、このような政権のもとでは選挙を戦えないという論理で足を引っ張る結果、与党の総裁でもある首相がその座を保つのが困難となり、それが政権の命脈を断つ事態となるかもしれない。

しかし、自民党の派閥を育てる土壌となった中選挙区制と総裁公選制こそ当時すでに存在していたが、中選挙区制による総選挙はこの時点で二回行われただけだったし、総裁公選も、奇しくも政友会・民政党ともに昭和二（一九二七）年に導入されていたが、それが発動されて総裁公選が実現した例はなかった。総裁が交代する場合、総裁選挙は現実性のあるものとは考えられず、党幹部間の談合・協議で次の総裁が決定されるのが普通で、戦後のような党内競争が生じる余地はほぼなかった。そのような状況であるから、政策的に行き詰まった政党内閣の運命は、当面、死に体での政策堅持か、機会をとらえての合理的転換かにならざるを得ないのであった。

政権交代はどう起こるか

試みに、大正一三（一九二四）年に始まる政党内閣期の政権交代の有様をみよう。

加藤高明内閣から第一次若槻内閣への交代は、加藤首相が死去したためであった。第一次若槻内閣が倒れて田中義一政友会内閣になったのは、金融恐慌収拾のため若槻内閣が出した緊急勅令案を枢密院が否決したことによる。それで誕生した田中内閣は、張作霖《ちょうさくりん》爆殺事件の原因解明について、首相が昭和天皇の不興を買ったことで倒れた。これで明らかなように、わずか八年間の政党内閣時代の、最初の三回の政権交代はいずれも突発的事態で実現している。その内容はさまざまだが、表現は少々悪くなるけれども、突発的事態が巻き起こす瞬間風速的な力で政権交代が実現しているのである。

このような先例があるので、野党が何かことを起こして内閣の失敗なり不祥事を誘い、政権交代を果たそうとする不健全な傾向を生んでしまった。政党主導による、透明性の高い、ルール化された交代により責任が問われる政権交代ではなかった。

付け加えると、政党内閣時代について、高校日本史教科書などでは八年間にわたり衆議院の多数党が政権を組織する、「憲政の常道」が守られる時代が続いた、というような表現がなされるが、「憲政の常道」が守られるとはいっても、選挙で多数党になったから政権が交代したという意味では全くない。突発的事態で政権交代がおこり、その結果誕生した新政権が組閣から間もない時期に解散を打って（それは勿論政権基盤を固める意図のもとに）、与党選挙の強みを生かして選挙に勝ち、その結果多数党になるのであって、多数党になったから政権を奪ったわけではない。だから、「憲政の常道」とは、ある党の内閣が倒れた時に第二党が政権を組織する慣例をさし、それを円滑に行うためには「元老」という、超憲法的な存在が不可欠であった。

厄介だった「意地」

このような体制であったために、妙な表現になるが、うまく突発的事態が起こってくれれば政権交代がおこり、合理的な政策転換が可能となる。だが、政権発足以来営々と続けてきた金解禁の行き詰まりが明らかになっているにもかかわらず、担当者である井上準之助が意地でもやめぬ、と頑張り、突発的事態も無いとなると、政権交代も政策転換もなされないのであった。制度的な根拠を持たず、慣習として成立した戦前の日本の政党内閣は、いざ深刻な政治危機を迎えると、意地の突っ張りに手を焼くほど脆弱だったのである。脆弱なものを守るためには節度が必要であるが、意地がそれを阻んだのである。

若槻内閣の場合、井上は、意地でも政策堅持の姿勢であり、党内の支持も（政策転換を求める声も起こってはいたが）そこにあった。おせるところまで今の政策でおしていこうというわけである。井上の意地であると同時に、まさに政党の意地だったわけである。

首相・若槻礼次郎のリーダーシップの質もそれに拍車をかけた。若槻は、加藤高明が首相在任中に病死した際にもその座を引き継いだ人物であったが、この第二次内閣も、浜口首相の負傷療養が長引き、首相として執務可能な程度の回復が見通せない状況となったための再登板である。前回の組閣同様、自らの意志で勝ち取った政権の座ではなく、党内の強い支持が集まったための就任でもなかった。タイプとしては明らかに調整型リーダーであり、敵が少なく、彼を据えておけばおさまりがよく無難という総裁であったため、自らの意志と責任と決断で政策転換をはかることが困難であった。

満州事変の一撃と協力内閣運動

その一方で、このままでは現状を打開できない、政策転換を果たさなければじり貧に陥る、という動きが出てくることになる。それが、当時「協力内閣運動」といわれたものである。与党・民政党と野党・政友会との大連立による強力な政権で難局を乗り切ろうという構想であった。それが浮上したのは、金解禁の失敗が明らかになった頃、若槻内閣が抱えた別の難題に原因があった。皮肉にも、口実になり得る突発的事態が起きたのである。

井上準之助が「政党の意地だからやらぬ」という台詞を吐いた昭和六年秋といえば、九月一八日に満州事変が勃発している。日本の権益である満鉄の防衛のため駐屯していた陸軍部隊、すなわち関東軍が、奉天郊外の柳条湖《りゅうじょうこ》付近の満鉄線路を爆破し、これを張学良《ちょうがくりょう》率いる中国軍の破壊活動として軍事行動を起こしたのである。

若槻内閣はこれを止めようとしたが、結局は関東軍の行動に引きずられ、関東軍は約半年で満州全土を占領した。その後は、清朝最後の皇帝、宣統帝溥儀《せんとうていふぎ》を執政として満州国建国、国際連盟のリットン調査団派遣、さらに事変勃発から二年後の昭和八（一九三三）年、日本の国際連盟脱退に至る。

こうした情勢に、若槻内閣及び民政党、野党である政友会にともに新たな動きが出てくる。未曽有の不況を政党政治が克服できないでいる内に満州事変が起き、若槻内閣がその拡大を止められなかった事実は重い。若槻首相は不拡大を望みながらも、現に関東軍は行動を起こしてしまっているのだから、という現状追認的な態度で予算の臨時支出を認めてしまう。これは、若槻首相の弱さを露呈させると同時に、政党内閣の威信に打撃を与えた。しかも、国民感情としては関東軍の行動を歓迎する傾向が強かった。不況に痛めつけられていた国民には、状況に何らかの変化をもたらしてくれる可能性あるものと受けとられたのである。これは与野党を問わず、危機感を抱かざるを得ない事態であった。

坐して何もしなければ、政党政治そのものが機能しなくなる——そのような危機感から、満州事変勃発の翌月、昭和六年一〇月から、与党・民政党と最大野党・政友会とが協力して行政権力の強化をはかり、内政・外交とも打開を図ろうとする協力内閣運動が生まれた。

協力内閣運動の展開

まず一〇月に入ると、若槻内閣の内務大臣・安達謙蔵《あだちけんぞう》が具体的な動きを開始した。安達は、民政党の中では若槻・浜口といった、主流を占める官僚出身者とは系統の違う、明治期以来のキャリアを誇る党人で、選挙の指揮に長けていたことから「選挙の神様」と呼ばれた人物であるが、安達が政友会との連立を考えたのは、とにかく失敗が明らかであった井上準之助の金解禁を転換させたかったこと、連立内閣で政友会を取り込めば解散は避けられ、民政党は当面政権にとどまれるというのが動機であった。

当初、若槻首相は安達の連立内閣論に反対であったが、満州事変収拾に展望を失って退陣を考え、関東軍を撤兵させ得る強力な政権の成立を望むようになったことから、連立内閣構想に関心を示しはじめた。

一方、政友会の方でも動きがおこる。一〇月一七日の未明、橋本欣五郎《はしもときんごろう》ら陸軍参謀本部付将校を中心とする一〇数名がクーデター計画を立てたとして検束された。「十月事件」と呼ばれるものである。それは、政友会総裁・犬養毅（大正の末には事実上政界を引退していたが、田中義一没後の政友会の人材難のため、引っ張り出されて総裁となっていた）に衝撃を与え、陸軍の組織を根本的に変えなければだめだ、それは政友会一手ではできない、どうしても連立内閣でないと、との思いを抱かせたらしい。若槻・犬養という二大政党総裁が軍を抑えるために連立を、と同時期に思い立ったわけである。このような流れに対しては、最後の元老・西園寺公望も好意的であった。

協力内閣運動の挫折と若槻内閣の崩壊

だが、一〇月中旬から下旬にかけて、政友会の中で連立不可、あくまで倒閣を第一とすべきだとする一派の巻き返しが成功し、政友会の連立路線は事実上放棄されてしまう。民政党も、若槻が井上準之助蔵相や幣原喜重郎外相の連立反対論にあい、翻意せざるを得なくなった。政友会との連立となれば、現在の政策は今日最も適当なものであるのに見直さざるを得なくなる、というのがその理由であった。

井上がこの時に政党の意地を持ち出したかは定かでないが、連立となれば、確かに政策の修正を覚悟しなければならなかった。その場合、損害を蒙るのは民政党である。政友会は、現実に厳しい不況を生んでいる財政政策を緩和したという得点を挙げるからである。そこで動くのは面子の論理であるが、面子を保とうとする原動力はやはり意地であろう。

しかし、安達内相はどうしても策動をやめなかった。職掌柄、十月事件の事情にも通じていた彼は、協力内閣運動を簡単に止められなかったのである。若槻は、安達に単独での辞表提出を求めるも拒否されたため、閣内不一致による総辞職を決行した。一二月一一日のことである。閣内不一致という理由を得た末の、面子を潰さない、また、政策への意地を貫いた退陣をようやく果たした。だが、その過程の迷走で、与野党ともに何ものかを失ったのは事実であった。

犬養内閣の苦闘

後継首班は、野党・政友会の総裁である犬養毅となった。元老・西園寺と犬養との間で、内閣の政策として金解禁停止、の満州事変については、できる限り協調外交を維持することで合意をみた。犬養内閣の発足とともに金輸出は再禁止され、金本位制は終わった。

犬養内閣は、年明けると解散を打ち、二月二〇日投票の総選挙に大勝した。総選挙で一つの政党が三〇〇以上の議席を獲得したのはこれが唯一のケースであった。大勝利を収めた政友会であるが、それを率いる総裁・犬養は、このまま問題なく政権を運営していけるとは考えていなかった。

大勝利の原因は、政友会自体の魅力というよりは、浜口・若槻二代にわたる民政党内閣の、特に空前の不況を招いた財政政策に対する不人気にあり、また、民政党の選挙資金担当者・井上準之助がテロ組織・血盟団《けつめいだん》により暗殺されてしまった（二月九日）ことであった。そして、おそらくそれ以上に犬養を憂えさせたのは、政友会に票を投じた有権者の多くが満州事変に拍手を送っており、政党内閣に依然として不信感を持っていたことである。犬養は、選挙の大勝に浮かれていられなかった。政党政治を強化しなければならない、それによって、これ以上軍部の暴走を止めるだけの力を持たなければいけない。それが、犬養内閣が背負い込まざるを得ない重い課題であった。

政党が基盤とするのは国民である。国民からの広く正当な支持を、よりよく政治的な力に変換できてこそ政権としての正当性が生まれ、説得力豊かに政策を遂行していくことができる。政党は自分が武力を持てるわけではないのだから、力を持とうと思えば、原敬のような有能なリーダーがトップに座って、逞しい政治力を揮うことも当然大事であるが、より基本的には国民の積極的で固い支持を集め、それを味方に軍その他に対抗していく以外にない。

図22　犬養毅（国立国会図書館「近代日本人の肖像」）

第一次世界大戦後間もない、軍縮と国際協調を重んずる風潮が強かった頃ならば、陸海軍も、そのような状況下で予算を獲得するには、内閣とそれを構成する政党の協力を得なければならないので、比較的低姿勢であった。しかし、第一次世界大戦後一〇年以上が経過し、軍縮と国際協調の風潮に一石を投ずる満州事変が起こり、それを国民が熱狂的に支持するという過程を経た後では、政党が相当インパクトのある自己変革を遂げなければ、国民の目を再び政党政治に向かせることは困難である。犬養首相がそのために考えたのは選挙制度改革、具体的には比例代表制採用であった。

老首相の訴え

昭和七（一九三二）年五月一日、犬養はラジオ演説で次のように訴える。「殊に政界百弊の根源は、選挙に莫大の金を要するからである。故に現行法を改正したいのである。改正の要旨は選挙費を寡《すくな》くする事、各種類の代表者を当選せしむる事、死票を無くする事の目的を以て、比例代表制を設定したいのである」（鷲尾《わしお》義直《よしなお》編『犬養木堂《ぼくどう》伝　中』）。具体的にどのような枠組の制度を考えていたかは不明だが、犬養は、この演説が行われる前日に政友会の中に選挙法改正調査を目的とする特別委員会を設置している。比例代表制採用を軸として選挙制度を改め、政界浄化と、多くの票を取り込むことで、政党及び議会政治の威信を取り戻そうとするものであった。

ただ、これは政友会の中で充分な賛同を得られた計画ではなかった。政友会では党所属代議士を対象に選挙制度改革について意見を求めるアンケートを実施しているが、その質問項目の一番目が「比例代表制の可否」であった。

アンケート結果は機関誌『政友』三八一号（昭和七年六月一日）に掲載されたが、回答が掲載された四〇人の代議士の内、比例代表制にとにかく否定的でないのは二三人で、辛うじて過半数を越えた程度であり、全体としては消極的であった。選挙制度改革は常に難しいもので、代議士としては、自分が当選してきた制度を変えろといわれるのだから、割り切れない感情を抱くのは当然で、改革の方向によっては自分の地盤が危うくなる可能性すらある死活問題である。本音の部分では簡単に受け容れられようはずはなかった。アンケートに対し「現行法を可とす、三百三名を贏《か》ち得たればなり」という、誠に率直な回答を寄せた者すらいた。

世論も好意的ではなく、四月二七日付『朝日新聞』社説は、小党分立になりやすい比例代表制を大政党・政友会があえて採用しようとするのは、不評判の極みである現在の議会政治の人気回復策なのだろうが、少数党の支持者の票が生かされる比例代表制に、選挙費用低減効果を求めようとしているのは副作用と主作用とを取り違えているもので、そのあたりにも底の浅い狙いが透けて見える、と突き放した論評を下している。

ただ、犬養が三〇〇議席を得た大勝利に安住せず、政党政治・議会政治を守るべく未知の領域に踏み出そうとしたことはやはり記憶されてよい。それぐらいの危機感は持って当然という状況ではあった。比例代表制への意欲を国民に語りかけたラジオ演説から二週間後、犬養は五・一五事件の凶弾に倒れ、身を以てそれを実証してしまうのである。

「政党の意地」を制御できず、政党政治全体が危機にさらされても連立を組めず、喜寿を迎えた老首相が迂遠《うえん》にしか見えない改善策に一縷《いちる》の望みをかけた矢先、非業の死を遂げる。戦前の政党内閣時代終焉に至る過程は、泣くに泣けず、笑うに笑えない悲喜劇そのものであった。

斎藤隆夫の標的

1

まず第一は革新政治の内容に関することでありまするが、一体近頃の日本は革新論及び革新政治の流行時代であります。革新を唱えない者は経世家《けいせいか》ではない、思想家ではない、愛国者でもなければ憂国者でもないように思われているのでありまするが、しからば進んで何を革新せんとするのであるか、どういう革新を行わんとするのであるかといえば、ほとんど茫漠《ぼうばく》として捕捉することは出来ない。言論をもって革新を叫ぶ者あり、文章によって革新を鼓吹《すいこ》する者あり、甚《はなはだ》しきに至っては暴力によって革新を断行せんとする者もありまするが、彼らの中において、真に世界の大勢を達観し、国家内外の実情を認識して、たとえ一つたりとも理論あり、根底あり、実行性のあるところの革新案を提供したる者あるかというと、私は今日に至るまでこれを見出すことが出来ないのである。

2　彼ら〔欧米のキリスト教国〕は内にあっては十字架の前に頭を下げておりますけれども、ひとたび国際問題に致しますと、キリストの信条も慈善博愛も一切蹴散らかしてしまって、弱肉強食の修羅道に向かって猛進をする。これが即ち人類の歴史であり、奪うことの出来ない現実であるのであります。この現実を無視して、ただいたずらに聖戦の美名に隠れて、国民的犠牲を閑却《かんきゃく》し、曰《いわ》く国際正義、曰く道義外交、曰く共存共栄、曰く世界の平和、かくのごとき雲を掴むような文字を並べ立てて、そうして千載一遇の機会を逸し、国家百年の大計を誤るようなことがありましたら、現在の政治家は死してもその罪を滅ぼすことが出来ない。

（1・2ともに斎藤隆夫『回顧七十年』巻末の「斎藤隆夫政治演説」）

引用が長い、こんなに読んでいられるか、もっと要領よく切り取れよ、とお叱りを受けるであろうが、何しろ議会演説の一節で、そもそもオリジナルの尺が長いし（1・2とも、話し終えるのに九〇分は要したはずである）、樺山資紀の「蛮勇演説」以上に、ある程度まとめて引用しないと、意義も味も伝わらないので、致し方ないのである。

本書には、それぞれ異なる人物の口から発せられた複数の台詞をワンセットでとらえた「政党リーダーたちの金の作法」・「名演説の舞台装置」が含まれているが、本章は逆に、一人の人物から、それぞれ別の機会に発せられた複数の台詞を一括して取り上げている。台詞の主は斎藤隆夫。「名演説の舞台装置」・「牛歩戦術の御披露目興行」でも名前が出てくるので、三度目の登場になる。

さて、ここに掲げた二つは、斎藤のなした演説の中で最もよく知られているものからの抜粋である。1は、広田弘毅《ひろたこうき》内閣下の第六九回帝国議会、昭和一一（一九三六）年五月七日の衆議院本会議での質問演説で、一般には「粛軍に関する質問演説」などと呼ばれている。2はそれから四年後、昭和一五（一九四〇）年二月二日、第七五回帝国議会衆議院本会議での質問演説で、「反軍演説」という通称で名高い。

1・2の趣旨と、その背景について触れておくと、1は二・二六事件で倒れた岡田啓介《おかだけいすけ》内閣を引き継いで発足した広田内閣に対し、所属する民政党を代表して行った、いわば代表質問である。全体としては、内閣の施政方針と、二・二六事件の突発を踏まえ、軍の綱紀粛正を強く求めるものであった。2は、日中戦争が始まってから四年目に突入し、多くの犠牲と負担を国民に強いているにもかかわらず、いまだ収束の展望が開けない戦争の現状を質し、将来に向けての対応を厳しく問うたものである。

いずれも当時大きな反響を呼び、代議士・斎藤の評価を高めた演説である。ここでは、演説の内容、言い換えれば具体的に論じた個々の問題もさることながら、1・2に共通して見られる議論の特質に注目することにより、斎藤が当時の政治のどのような傾向に危うさを感じ、それへの反応としていかなる論理を組み立てて演説を行ったかを対象としたい。いわば、斎藤の政治家としての感覚・感性を取り上げるものである。それによって、いささかオーバーかもしれないが、明治初期から昭和戦前期へ向かう日本政治のある流れが、垣間見えるように思えるのである。

政治家・斎藤隆夫

最初に、斎藤隆夫という人物について述べておく。彼は明治三（一八七〇）年に兵庫県出石《いずし》郡室埴《むろはに》村、現在の兵庫県豊岡市出石町の農家に、六人兄弟の末っ子として生まれた。一人の兄と四人の姉がいて、斎藤が生まれたのには父が四五歳で母が四一歳の時であったという。斎藤自身の回想によると「田畑が自作には少し余るので、余る部分を小作人に貸付け、少しばかりの小作料を取ることが出来るくらい」（『回顧七十年』）の経営規模であったが、それでも全部で五三戸という村の中では、上から三番目の身代だった。

斎藤の回顧録『回顧七十年』を読むと、物心ついてから何回か、「しかし何としても百姓は嫌いである」といったような台詞が出てくる。実際、小地主の家の末っ子であるから、しばらく生家の仕事を手伝った後、養子にでも出されるのが想定し得る最良の人生であるが、それは彼にとって受け入れ難い未来だったのだろう。二〇歳の年に意を決して家を出て上京し、苦労の末、東京専門学校、つまり早稲田大学の前身となる学校の行政科に入学した。勉学の甲斐あって明治二七（一八九四）年、日清戦争が始まった年に首席で卒業した。そして、翌年には弁護士試験を受験して合格する。受験者一五〇〇人以上で合格者三三人という難関を突破したのである。ただ、即開業するだけの資力は無かったらしく、いわゆる「いそ弁」、つまり先輩弁護士の事務所で見習いをすることになるのだが、斎藤が入った事務所の主は鳩山和夫。すなわち鳩山一郎の父親にして立憲改進党――進歩党系（後に政友会に転じてしまったが）の有力代議士、衆院議長も一期務めている。そのように多忙だった鳩山は弁護士を廃業し、斎藤は晴れて独立することになった。

図23　斎藤隆夫（国立国会図書館「近代日本人の肖像」）

ただ、私立学校出身者が弁護士業を営んでもなかなか厳しいと考え、アメリカのイェール大学に留学することにしたのだが、留学二年目に肋膜炎を患い、アメリカと帰国後の日本とで合計七回の手術を経てやっと完治したという。帰国後、動機は不明だが、政界進出の準備に着手した。何か社会の不条理でも感じたのか、それとも弁護士とは違う可能性を見出したのだろうか。初出馬は、第二次西園寺公望内閣の下で明治最後の年に行われた第一一回総選挙だが、特に尖鋭な争点もない、任期満了によるものであった。

当時は大選挙区制で、斎藤が選挙区に選んだのは故郷である兵庫県郡部選挙区であったが、結果は定数一一の一一位、最下位ながら初当選を果たした。所属は、早稲田出身者として当然というべきか、立憲改進党の流れをくむ立憲国民党であった。その後、大正政変の際に桂太郎がつくった新党・立憲同志会に走り、以後、同志会が憲政会、さらに昭和に入って民政党と名を変えても所属し続けた。

昭和に入ってからは、内務政務次官や法制局長官を務めている。党内では誰を親分とするでもなく、子分を率いるでもなくという風な立ち位置であったと思われるが、大正九（一九二〇）年の原敬内閣時の議会において、憲政会が普選案を提出した際には党を代表して賛成演説を行ったりしているから、弁護士出身ということもあり、弁論能力は買われていたのだろう。議事妨害の長時間演説でも重要な役割を演じたことは、「牛歩戦術の御披露目興行」で触れている。

話を問題の演説に移そう。まず1について。引用部分は演説の前半、かなり早い方なのであるが、「革新」という、当時よく使われた用語を問題にしている。何年からとは明確にできないが、大正後期以降の経済不況からなかなか抜けられないことなどの背景により、「革新」の必要性を訴える声があがってきていたのは事実であったし、「革新」を達成するために「昭和維新」あるいは「国家改造」を、などという不穏な主張も現れていた。二・二六事件も、また四年前の五・一五事件も、その延長線上にあった。斎藤は、その「革新」の具体性の欠如、あるいは内容空疎であることを衝いたのである。

「粛軍演説」の感覚

この斎藤の議論が、二・二六事件と無関係であるはずは当然ないが、同事件に触発されて初めて思い立ったわけではない。斎藤がこの演説の二年前、すでに『革新論及び革新運動を戒む』（日本評論社）という著書を出している事実から、それは明らかである。付け加えると、同書の内容と1とは、内容的にかなり重なっている部分がある。

同書の中で斎藤は、革新論には「左翼革新論」と「右翼革新論」があるとした上で、前者については「斯《かく》の如きものは今日論ずるの価値はない。抛《ほう》つて置いても自然消滅に帰することは疑ない」と、全く問題にしていない。斎藤が主として注目するのは後者、特に

「満州事変、血盟団事件、五・一五事件又は軍部の一角に起れる国家改造思想等を直接の動機又は背景として急造」された多数の右翼団体の議論である。それらが「日本主義」なる茫漠たる原理を掲げ、天皇政治、もしくは天皇中心政治なるものの実現を主張することを斎藤は怪しみ、現在すでに「日本主義」に基づき、天皇政治を達成しているではないか、と反論する。「立憲政治は天皇政治の極致である。立憲政治なき所に天皇政治なしとは言はないが、天皇政治は立憲政治に依りて益々其光輝《こうき》を発揚《はつよう》することが出来る」と、斎藤は断言しているのである。

話を演説に戻すと、斎藤がこのように「革新」に触れているのは、広田内閣の具体的な政策を質そうとする部分の前置きであった。同内閣は、成立に当たって施政方針を声明書として出しているのであるが、斎藤は、その中で謳われている「庶政」の「一新」と「国策」の具現について問うている。前者については、方向性をより明確にせよと迫っている。後者については、「近頃国策という言葉が流行っておりまするが、一方に政策という言葉がある。国策と政策とはどう違うのであるか、私は今日言葉の詮議立ては致さない」けれども、国策というからには国家の進むべき大方針をさしているのだろう、しかし、それはまだ決まっていないようだが、そんなことでいいのか、と疑問を投げかける。政策レベルの話ではあるが、同時に、用語なり表現で目先を変えて新味を出そうとするかのごとき安易な姿勢への違和感とも読みとれる。

ちなみに、「庶政」の「一新」についても、斎藤は質問の中では「秕政《ひせい》を一新するということでありまするが」という言い換えをしており、勘ぐれば、それもまた「国策」に対するのと同様の反応なのかもしれない。「革新」以下、言葉だけが先走っている風潮を危ぶんでいたとも推測可能ではなかろうか。

「反軍演説」の感覚

次は2について。ここで引用したのは、実は議事録から削除されてしまった（周知のことだが、この「反軍演説」を行ったことにより、斎藤は懲罰委員会にかけられた末に議員を除名された。演説の後段部分の全部、一万字以上を、演説翌日に『官報』として出る議事録から削除されることが即決されたのだが、演説当日の各紙地方向け早版には全文掲載されてしまった）――卑俗な表現で恐縮だが――最もやばい部分なのである。日中戦争について、「聖戦」の美名の下に国民に多大な犠牲を強いながら、収拾の機を逸してしまうとしたら、政治家は国民に顔向けができるのか、という痛烈な批判である。

この部分には前段がある。「名演説の舞台装置」でも要約的に示しているが、斎藤は、日中戦争開始当時の第一次近衛文麿《このえふみまろ》内閣以来、歴代の政権が日中戦争をさして「何事も道義的な基礎の上に立って、国際正義を楯とし、所謂八紘一宇《はっこういちう》の精神をもって東洋永遠の平和、ひいて世界の平和を確立するがために戦っているのである故に、眼前の利益など少しも顧みるところではない。これが即ち聖戦である」と唱えてきたことに疑問を呈する。その理想は高邁《こうまい》だが、世界の歴史を繙《ひもと》けば、平和が永続した例はなく、むしろ戦争の連続である。そして、戦争の勝敗を決めるのは「正邪曲直」、つまり道義的にどちらが正しいかなどではなく、徹頭徹尾、力でしかない。正義だから勝つわけではないのである。それを否定する者がいたとしたら、それは偽善である。

この論理を展開した後、斎藤は「我々は偽善を排斥する。あくまで偽善を排斥してもって国家競争の真髄を掴まねばならぬ」と断言する。前段でこう言い切っている以上、政府が日中戦争を、道義を基礎とする「聖戦」として、国民をそれに駆り立てているのを偽善と断定していると解釈されるだろう。「聖戦」など論理的根拠のない名目にすぎないとしているのである。

「東亜新秩序」

「聖戦」より前の、議事録から削除されていない部分でも、実体のない空虚な用語を「聖戦」同様に槍玉にあげている。それは、「東亜新秩序」である。

この用語が出てくるのはこの「反軍演説」の二年前、昭和一三（一九三八）年一一月三日に発せられた第二次近衛声明である。その内容は、日中戦争の目的が「東亜永遠の安定を確保すべき新秩序の建設」にあり、その新秩序とは「日満支三国」、つまり日本・満州国・中国の提携によるもので、その目的とするところは「東亜に於ける国際正義の確立、共同防共の達成、新文化の創造、経済結合の実現」であると宣言するものであった。

当時、南京から重慶に逃れて頑強な抵抗を続けている中国の国民政府（蔣介石政権）であっても、従来の方針を放棄して新秩序に馳せ参ずるなら、これを拒むものではないと謳われている。ただ、これは国民政府の№2であった汪兆銘による傀儡政権樹立を前提にしたものであって、蔣介石との融和を考えていたわけではない。実際、汪兆銘はこの近衛声明の翌月に重慶を脱出している。

斎藤は、この「東亜新秩序」にも批判の目を向けている。「東亜新秩序」の意味するものは善隣友好、共同防共、経済提携の三つに集約されているようだが、それだけなのか、それとも他に何かあるのか、どちらでもよいが、とにかく新秩序の実体を聞きたい。また、この「東亜新秩序」を打ち出した第二次近衛声明から一年後、つまり昭和一四年一二月一一日付で、政府によって「東亜新秩序答申案要旨」なるものが発表されたが、戦争の目的であるところの「東亜新秩序」が戦争開始から一年半後にやっと発表され、その「東亜新秩序」の原理原則なり精神的基礎を説明する「東亜新秩序答申案要旨」作成がさらに一年後というのは不可解だ。このように、日中戦争を指導していく過程で政府が国民に提示した二つのキーワードを攻め口として、斎藤は政府を追及した。

「反軍演説」に至るまで、日本政府は日中戦争収拾の機を何度か逸している。初期における駐華ドイツ大使トラウトマンの仲介による工作は、種々の事情により第一次近衛内閣が強気に転じたため実らず、昭和一三年一月一六日、「爾後《じご》国民政府を対手《あいて》とせず」という、有名な第一次近衛声明により、講和の機が当面遠ざかることになった。

近衛は同年五月に行った内閣改造で外相に据えた宇垣一成《うがきかずしげ》に、国民政府との交渉を託した。宇垣は、清浦・加藤高明・第一次若槻の各内閣で陸相として手腕をふるって陸軍内に一時代を築き、将来の首相候補に挙げられるようになった。実際に広田内閣の後継首班として一旦は組閣の大命を受けたものの、陸相を得られず断念したこともあったが、その後も潜在的には首相候補であり続けた人物である。

その宇垣が外相として国民政府と交渉にあたり、イギリスの仲介の可能性を模索するなど、ある程度のところまで進めたが、陸軍の妨害にあい、そもそも「対手とせず」声明の失敗をうまく取り消してくれることを望んで宇垣を外相に担ぎ出したはずの近衛も、必ずしも充分な支援を行わなかったこともあり、宇垣は九月に辞任する。その次が汪兆銘政権を前提とする「東亜新秩序」であった。

以上の経緯を踏まえれば、「聖戦」も「東亜新秩序」も、過去の失敗や戦争の泥沼化を糊塗ないし正当化するための用語と見られても、否定することは決して簡単ではなかっただろう。斎藤は、そこを射貫いたといえるのである。

スローガンの喪失

思い起こせば、王政復古以来、国家としての目標、進むべき道を示すスローガンのようなものが強く意識されることがあった。「富国強兵」は、かなり長い間その最上位に位置した。それに対し、在野から「自由民権」が叫ばれはじめ、「富国強兵」を推進する政府がそれを規制もしくは弾圧したことはあったが、「富国強兵」と「自由民権」とは、決して矛盾するものではなかった。「自由民権」は、藩閥政府の政権独占のもとで真の「富国強兵」がなし得るのか、より広い層の政治参加を求め、その力を動員することなしにそれが可能なのか、という問いかけであったし、政府も将来的には、議会制度を整備して国民に政治的責任を分担させることを、「富国強兵」に不可欠と考えていたのであった。

日清戦争の勝利は、「富国強兵」が成功を収めたことを証明した。だが、それに続く三国干渉は、戦勝に酔って過大な要求をした面があったにせよ、「富国強兵」が道半ばである現実を朝野に突きつけた。その中から湧き上がってきたのが「臥薪嘗胆《がしんしょうたん》」である。きっかけは当時の代表的な言論人・三宅雪嶺《みやけせつれい》が、新聞『日本』の明治二八（一八九五）年五月一五日付に執筆した論説「嘗胆臥薪（上）」である。三国干渉受諾はやむを得ない選択としながら、次は清より強大なロシアに勝つ覚悟を持つ必要を訴える論旨は、国民感情に合致していたし、その国民感情を政府も共有していた。当時の第二次伊藤内閣が自由党と提携し、日清戦争で清から得た賠償金を主な原資として、軍備拡張と産業振興を柱とする戦後経営を推進していくのは、全く自然な流れであった。

その「臥薪嘗胆」の甲斐あって日露戦争に勝利した日本は、大正期に入って人類初の世界大戦の戦勝国にもなった。日清戦争で台湾を獲得し、日露戦争で朝鮮半島からロシアの影響力を排除して同半島を併合しただけでなく、満州にも権益を得た。世界大戦の結果、旧ドイツ領南洋諸島を信託統治することになった。国土はこの頃最大になり、重化学工業化も進んだ。しかし、これは同時に「富国強兵」がほぼ最終的な到達点を迎え、その結果、日本が当面の国家目標を喪失したことをも意味したのである。

そこへ戦後不況が襲い、それへの対応に長く苦しめられることになった。将来の国家目標を見出せないことに加え、不況という当面の課題解決もできない状況に日本政治は陥ったのである。さなきだに、第一次世界大戦を境に世界は激変した（アメリカの急速な台頭、ロシア革命など）。それにともない、普選・軍縮、あるいは思想問題への対処など、従来の経験では処理しきれない課題とも取り組まなければならなくなっていた。スローガンなど、そう簡単に示しようがなくなってしまったのである。

その一方で「革新」という、漠然と何物かを新しくすることを意味する、かぎりなく普通名詞に近い言葉が特別なニュアンスを以て使われる（最もアグレッシヴな解釈なら「現状打破」だが）ようになっていくのは、とにかく何かを改めなければならないことは確かだが、その対象がわからないという、時代の閉塞感を物語っていた。

空洞化の時代

大正末から昭和初年にかけての約八年間にわたり、二大政党の交代による政党内閣の時代が続いた。その間、昭和四年に成立した、民政党の浜口雄幸内閣が、すでに触れたように、「金解禁」を掲げて多くの支持を集めた。「金解禁」はもとより、極めて具体的な政策レベルの用語で、国家の大方針でも何でもないが、当時の状況の中にあっては、他の欧米諸国同様、日本も金本位制に戻すことで、第一次世界大戦前のような、健全でうまくいっていた時代に帰るのだ、という暗黙の、しかし力強いメッセージ込みで受容されていた。浜口内閣の国民への働きかけ、発信にも尋常ならざる熱が入っていた。金本位制を軌道に乗せるため、厳しい緊縮財政で国内物価を下げ、輸出を増やし、正貨をため込まなければならない、国民もどうかできるだけ国産品を使用するなどして協力してほしい、一時不景気になるが、それは次の前進につながるのだ——そう、必死で呼びかけた。

浜口雄幸首相や浜口内閣への評価が今も高いのは、抵抗を押し切ってロンドン軍縮条約締結を仕遂げたという理由がまず大きいのだろうが、「金解禁」に対する愚直なまでの情熱、真摯な姿勢も確かに寄与しているだろう。だが、政策としては完全な失敗で、日本は「昭和恐慌」と呼ばれる深刻な不況に陥り、政党政治に対する不信・幻滅をかき立てる結果になってしまった。

その一方で、「革新」と覚しきものが昭和六（一九三一）年に起こされた。満州事変である。それは、「金解禁」とその失敗でいっそう重くなってしまった閉塞感を振り払ってくれただけでなく、その後の経済回復の出発点になった。「革新」の信用や存在感が増し、政党及び政党内閣は国民への発信力を失った。喜寿を越えた犬養毅首相がラジオを通じて訴えた比例代表制採用の構想に、熱心に耳を傾けた人の数はおそらく多くなかったろう。五・一五事件により、彼の声もやんだ。

それから数年間、短命な挙国一致内閣が続いた末に勃発した日中戦争は、満州事変と違い、終わりの見えないまま継続されていく。その期間中、政権側は困難な課題に取り組みつつ、人心の離反を防ぐべく、スローガンを案出していった。「聖戦」、「新秩序」。それらは、決して単なる責任回避や論点逸らしではなく、懸命に政治的打開を図る中から生み出されたものであることは間違いないが、具体的に思わしい成果を出せたとはいえない。かけ声倒れ、中身のないお題目でしかないではないか、という批判の生ずる余地は充分あった。リアリスト斎藤隆夫は、そこをピンポイントで狙ったのである。

スローガンと流行語の間

斎藤が演説で実体がないとして追及した用語の内、「庶政一新」と、「東亜新秩序」の「新秩序」は、その年の流行語になった。「新秩序」を生み出した政権の主、近衛文麿は、「新秩序」から二年後に再び流行語の発信源になった。「新体制」である。斎藤隆夫が「反軍演説」で議員除名されてから三ヶ月後、昭和一五年六月に近衛は枢密院議長を辞し、新体制運動に乗り出した。それは、ドイツにおけるナチスのごとき強力な新党を組織し、一国一党体制をめざす運動であり、「新体制」も流行語なら、新体制運動に熱い関心を寄せる勢力なり人々の間で飛び交った「バスに乗り遅れるな」も流行語となった。ただ、詳細は省略するとしても、新体制運動が流行語の帯びた熱量にふさわしい成功を収めたとはとてもいえない。近衛の理想には遠く及ばない大政翼賛会なるものができただけであった。

政治の世界、それも政権から生み出された純粋に政治的な用語が、特段ユーモアでも含んでいるわけではなく、強烈に印象的な挿話に由来しているのでないにもかかわらず、流行語となるという現象は、何を示すのであろうか。

「富国強兵」や「自由民権」は、流行語といえるような軽い言葉ではなかったし、何より短い期間限定の用語だったわけではない。偏見かもしれないが、政治的な用語が流行語として持て囃《はや》されるのは、対処しきれない新種の問題発生に悩み、混迷する政治や、閉塞感の立ちこめる社会への鬱積した国民感情が、目新しい用語に束の間の期待と希望を見出し、解放されるからではないだろうか。

斎藤は、政治家として特段の業績を挙げたわけではない。「反軍演説」にしても、軍部に正面から立ち向かったものではないことは、「名演説の舞台装置」で触れたとおりであるし、所属していた民政党の町田忠治《まちだちゅうじ》総裁の反対を押し切って演説を敢行した理由の一つが、当時の斎藤が健康上の不安を抱え、活動が低調になっていたため、世論及び選挙区向けに存在をアピールする必要に迫られていたという、甚だ生臭い事情であった事実は、古川隆久《ふるかわたかひさ》によって指摘されている（『戦時議会』）。

ただ、政治用語も流行語化するという、危うい軽さの漂う時代に向け、何発かの弾を撃ったことだけは間違いない。斎藤は、近衛文麿の「新体制」運動についても、運動初期において、議員除名により議会演説こそできなかったが、近衛に三通もの意見書を提出している。憲法との整合性その他「新体制」の危険性・問題性を厳しく批判するものであった（『回顧七十年』）。そこには、近衛新体制運動が行き詰まった要因を予見するような内容も盛り込まれている。リアリストの面目躍如といえよう。

これも「名演説の舞台装置」で触れたが、斎藤は敗戦後も活躍を続けた。「反軍演説」による除名の際、除名に賛成した多数派は、斎藤が批判した用語を冠した「聖戦貫徹議員連盟」を結成し、近衛新体制運動の推進役になっていった。一方、除名反対の少数派は以後苦しい立場に置かれたが、敗戦後それが幸いし、政界の主役となっていった者も相応に出た。斎藤も、苦節二年、日米開戦から約半年後の昭和一七（一九四二）年四月、東条英機《とうじょうひでき》内閣の圧迫を受けながらトップ当選を果たして議場に戻り、戦後の活動の土台ができた。

リアリストのロマン

その斎藤が昭和二二年、ただひとたびの夢を見る。それは、同年四月二五日投票の総選挙で、当時の第一次吉田茂《よしだしげる》内閣の与党・自由党が敗北し、第一党となった社会党を中心とする連立内閣への流れができた時であった。斎藤は、四月三〇日創立の新政党である民主党に参加したが、同党には、かつて斎藤の除名に反対した代議士のひとりである芦田均《あしだひとし》が、自由党を脱して加入していた。民主党創立直後の五月七日、斎藤は、その芦田に民主党総裁就任への意欲を語り、支持を求めたのである。同日以前の接触で、芦田は斎藤の政権担当への野心を感じとっていたし、民主党総裁の候補としては幣原喜重郎・芦田に加え、斎藤の名前も取り沙汰されていた。第一党である社会党の党首・片山哲（やはり斎藤除名に反対した）の政治経験の乏しさを考慮すれば、民主党が連立に参加した場合、その総裁が内閣首班となってもおかしくなかったのである。斎藤の野心は、そのような状況を踏まえてのものであった。

だが、芦田は斎藤の要請に応じず、結局、五月下旬に至ると民主党総裁は芦田、新政権は片山首班の三党連立の線で固まった（拙稿「斎藤隆夫の昭和二二年」）。

斎藤としては、実体のない空しい夢を掲げて国民を誤誘導してきた政権を、リアリストとしてあれだけ追及してきたのだ、これぐらい夢を見させてもらっても罰はあたらないはずだ、と言いたかったたかもしれない。それを、歳を考えろ、とか、柄じゃないだろと批判するのは、多分的外れだ。少なくとも、政治家というものを知らない傍観者の言であろう。リアリストであり、喜寿に達して宰相の夢を追ったロマンチストでもある——だからこそ、政治家・斎藤隆夫は面白いのである。

名言・失言を通じて日本近現代史を描く本書の試みが成功したかは、読者のご判断に委ねるほかはない。ただ、江戸から明治へと時代が変わって四半世紀経たないうちに、大日本帝国憲法発布、帝国議会開幕という道をたどった日本の立憲政治は、当時アジアで唯一定着した例であった。その点に着目すれば、立憲政治的「表現」、たとえば演説の技法を、明治の日本人が短期間に高いレベルで習得したことが、成功の要因に挙げられると思われる。本書はそれを、浮かび上がらせることができたかと思う。

立憲政治的「表現」の学習

近代国家の条件たる立憲政治導入は、明治政府成立当初からの最重要課題だった。

維新以来の営み

「ことば」による日本近現代史たり得たか——エピローグ

明治七（一八七四）年に板垣退助《いたがきたいすけ》らが「民撰議院設立建白」を提出したように、野に下った人々も、復権のために議会開設を要求した。自由民権運動である。民権運動に結集し、やがて代議士となっていく人々の言論活動は活発であった。明治初年から発行されはじめた新聞は、その場を提供した。名のある民権家の多くは、演説会で熱弁をふるう一方、新聞に論説を書いている。

慶應義塾という人材の供給源を得た改進党は、特に顕著な活動を示し、犬養毅《いぬかいつよし》・尾崎《おざき》行雄《ゆきお》らは新聞に関係を持っていた。かくして政治的表現技術が磨かれていったのである。

政治的表現活動が盛んであったのは、明治維新の革命としての性格に原因がある。

多数の、もの言う人々

革命は常に綺麗事ではない。京の町に吹き荒れたテロリズムの嵐、そして戊辰戦争。凄惨《せいさん》さは覆うべくもなく、白虎隊の悲劇その他、今なお重い歴史的記憶となっている事実は多い。ただ、巨視的に、たとえば約八〇年前のフランス革命と比較した場合どうであったか。

犠牲者数については、西南戦争を含めて三万数千人という推計が知られている。フランス革命の、数十万、一説には百万をこえるとされるそれよりは相当に少ない。単に犠牲者数だけではない。図抜けた勝者は薩長土肥の四藩で、明治新政府の要人の多くはこの四藩から出たが、その他にも、一応勝者の陣営に属していた人々は多かった。

同時に、敗者に対して寛大なケースも相応にあった。新選組の土方歳三《ひじかたとしぞう》は、最後は函館で幕府軍の一員として戦い、壮烈な戦死を遂げたが、その幕府軍のリーダー榎本武揚《えのもとたけあき》は死罪にならず、後に外務大臣などの要職に就いている。他にも新政府の担い手として官吏人生を全うした旧幕臣は少なくない。在地レベルに目を向ければ、幕藩時代に庄屋・名主などを務めた有力者は、明治以後も指導的立場を維持していた。彼らは、中央から派遣された役人の下で地方行政の一翼を担ったりしていた。彼ら、もしくはその子弟から、民権運動家が多く生まれている。

これらの事実が何を示すか。近代国家建設について自分も発言したい、発言する権利はあるはずだと考える人々が、かなり生き延びていたということである。自由民権運動は、そうした人々を全国的に結びつける役割を果たし、政治的表現を磨かせた。

言論の威力

歴史教科書には、西南戦争を経て武力による反政府運動が終息し、言論による運動が主流になったと書かれている。全く正確な記述であるし、その意味するところは運動の穏健化に他ならない。言論による運動――自由民権運動は、武力による運動――士族反乱のような暴力性は持っていない。しかし、見方を変えれば、士族反乱と同じ熱を言論に込めはじめたといえるし、民権運動の中に、かつて士族反乱に関係した者も少なからずいた。

政府は、民間の言論の、そのような高い熱度に押しこまれ、近代国家建設過程における自らの正当性が損なわれることを恐れた。だから板垣や大隈重信《おおくましげのぶ》ら、野に下ったかつての同僚たちにも目配りを怠らなかったし、時に締め付け、時に懐柔を試み、安定した関係を保った。その節度も、立憲政治導入成功の一因であった。

議会政治の定着と成熟

中身の濃い学習の効果で、帝国議会開設後、代議士たちはその弁舌で政府を苦しめ、追い詰めた。当時の議会が本会議中心で、長広舌をふるいやすかったことも、民権運動で鍛えた代議士に活躍の場を与えた。それに加え、星亨《ほしとおる》や原敬《はらたかし》のような、華麗な雄弁家ではないが、政治資金獲得に辣腕《らつわん》をふるい、タフ・ネゴシエイター（手強い交渉相手）でもある人材が台頭して藩閥の厚い壁を打破し、政党を政権へと導いた。以後、政党は成熟度を増し、大正末から昭和初年にかけて政党内閣時代を現出し、「牛歩戦術」などという、日本独自の議会文化を生み出すまでになった。

もっとも、議会政治の発展には不均衡な部分もあった。弾劾型名演説のみ偏重され（本書「名演説の舞台装置」）、雄弁といえば民権運動さながらの、大向こうをうならす「劇場型」雄弁が持て囃され、政策論争に適した「ディベート型」は閑却された（拙著『帝国議会』）ことなどは、その例であった。

日本の議会政治の強靱さ

五・一五事件で政党が権力の座から退場し、戦時体制が強化されると、議会は政治的比重を落とした。しかし、平成二年（一九九〇）年に開催された、議会開設百年記念を記念するシンポジウムの中で、ドイツの民族学者ヨーゼフ・クライナーが、昭和一七年の総選挙で、斎藤隆夫《さいとうたかお》ら大政翼賛会の推薦を受けない候補が少なからず当選した事実を、当時のドイツの政治事情とは全く異なる点として指摘している（『議会開設百年記念　講演会・シンポジウム—我が国議会の過去・現在・未来—』）のは注目される。全権委任法により、議会が機能を喪失していたナチス・ドイツと比較すれば、戦争中でも一国一党を潔しとせず、党派間競争を守ろうとする代議士と、それを支持する有権者が存在した。

ドイツやイタリアとともにファシズム陣営の一員とされた日本だが、ナチスや、イタリアのファシスタ党のような、民間から台頭した新しい組織が体制に入り込む余地はなかった。代議士や政党が培った地盤が強固であったからである。そうした日本の議会政治の強靱さの正体は未解明だが、それが明治以来営々と形成されてきたのは間違いない。これが戦後どう継承されたか、あるいはされなかったかについては、続編『名言・失言の近現代史　下　一九四六—』を参照されたい。

あとがき

遠い昔――はっきり何年前とはいえないが、私が修士課程に在学していた時期の後半か、博士課程に進んで間もない頃であったと思われるので、いずれにしろ今から四〇年近く前のある日だった。畏友・季武嘉也《すえたけよしや》氏（現・創価大学教授）から、村瀬は政治史ではなく別のテーマが向いていたのではないか、といわれたことをかすかに記憶している。

場所はたしか、新聞史料閲覧のため訪れていた東京大学法学部明治新聞雑誌文庫であった。これから収蔵する予定のものででもあったのか、古い雑誌が何冊か、事務室に近いデスクの上に置いてあり、そのうちの一冊の表紙のモデルになっていた某女優について、私が一言口にした――つもりが、知らず知らず饒舌に語りすぎたのに対し、同じ目的で来合わせていた季武氏の発したのが上述のことばであった。

修士課程の入試に失敗し、四年間の高校教員生活を経てやっと院生になれたものの、勤め人から学生への切り換えがなかなかうまくいかなかった私は、当然のように修士論文の作成も順調ではなかった。もともと集中力に欠け、とかく脇見の多い性格なのだが、当時の私はそれにさらに輪をかけたようで、季武氏の目にはいかにも危うく映ったのだろう。

その頃の季武氏といえば、優れた修士論文を仕上げ、それをもとに次々と業績を挙げられ、大正政治史研究の注目の若手として地位を確立しつつあった。研究の集大成として後に上梓された『大正期の政治構造』（一九九八年、吉川弘文館）は、理系的センスにも恵まれた氏の才能が存分に生かされ、体制統合的な視点も含む大胆な図式を提示したことで注目を集めた。その傍らで、私は相も変わらず脇見ばかりしていたような気がする。

本書は、いわばその脇見の集大成である。たとえば、「井上準之助の意地」で取り上げた岡田益吉《おかだますきち》『昭和のまちがい』中の井上準之助の発言は、修士課程に入ったばかりの頃、某雑誌上でなされた、中村隆英《なかむらたかふさ》（当時、東京大学教養学部教授）・坂野潤治《ばんのじゅんじ》（同、東京大学社会科学研究所教授）両氏の対談における、中村氏の発言で知ったものである。両氏は『松方財政と殖産興業政策』（一九八二年、東京大学出版会）に結実する共同研究に参加しておられ、対談はいわばそれにちなんだものであったが、そこで展開された興味深い議論、確か、日本近代史上でエッジの立った財政政策を推進した政治家は、度の過ぎたレベルに至るまで頑張りすぎる傾向がある、といった内容だったような気がするのだが、劣等院生は、肝心のエッセンスをほとんど忘れてしまい、財政の専門家である井上が、政党の意地ということばを発した意外さのみが強く印象に残ったのである。

本書でとりあげた題材は、そのように研究活動の合間でなぜか心にひっかかり、忘れかねていたものばかりである。脇見の所産を本にするとは、との御批判をいただくことになるのかもしれないが、歴史というものは、それこそ中村・坂野両氏クラスの、一流どころの研究者が繰り広げる、剣豪同士の立ち会いのような論争で進む本流もさることながら、脇見でないと視野に入れられない支流もまた面白いのである。本来、両方相まって興味深く、混沌として包容力豊かな学問として、歴史学は存在しているはずなのである。

脇見専門の研究者が書いた、支流の世界を少しでも楽しんでいただければ、著者として幸いこれに過ぎるものはない。

二〇二四年三月

村瀬信一

参考文献

〈公刊史料〉

『朝日新聞』
『衆議院議員総選挙一覧』
『衆議院第二回通常会議事速記録第二十号』
『第十九回帝国議会衆議院議事速記録第一号』
『明治天皇紀　第八巻』（二〇〇一年、吉川弘文館）
衆議院・参議院編刊『議会開設百年記念　講演会・シンポジウム—我が国議会の過去・現在・未来—』（一九九〇年）
『政友』
『東京日日新聞』
秋山長造『一筋の道　わが回想録』（一九九三年、山陽新聞社）
伊藤博文関係文書研究会編『伊藤博文関係文書　二』（一九七四年、塙書房）
同『伊藤博文関係文書　五』（一九七七年、塙書房）
鷲尾義直編『犬養木堂伝　中』（一九六八年、原書房）
内田信也『風雪五十年』（一九五一年、実業之日本社）

大野伴睦『大野伴睦回想録』(一九六二年、弘文堂)
岡田啓介『岡田啓介回顧録』(一九八七年、中央公論社)
岡田益吉『新聞記者の昭和史　昭和のまちがい』(一九六七年、雪華社)
小川平吉関係文書研究会編『小川平吉関係文書　1』(一九七三年、みすず書房)
尾崎行雄『咢堂回顧録　上』(一九五一年、雄鶏社)
同　『学堂回顧録』(一九一三年、実業之日本社)
同　『日本憲政史を語る　上』(一九三八年、モナス)
同　『日本憲政史を語る　下』(一九三八年、モナス)
大日本雄弁会編『尾崎行雄氏大演説集』(一九二五年、大日本雄弁会)
桂太郎『桂太郎自伝』(一九九三年、平凡社)
岸信介『岸信介回顧録　保守合同と安保改定』(一九八三年、広済堂出版)
『河野一郎自伝』(一九六五年、徳間書店)
後藤謙次監修『人を動かす天才　田中角栄の人間力』(二〇一六年、小学館)
斎藤隆夫『回顧七十年』(一九八七年、中央公論社)
同　『革新論及び革新運動を戒む』(一九三四年、日本評論社)
佐藤忠男『映画をどう見るか』(一九七六年、講談社)
竹越与三郎『陶庵公』(一九三〇年、叢文閣)
徳富蘇峰『大正政局史論』(一九一六年、民友社)

冨森叡児『戦後保守党史』（一九九四年、社会思想社）
大日本雄弁会編『永井柳太郎氏大演説集』（一九二四年、大日本雄弁会）
中野士朗『田中政権・八八六日』（一九八二年、行政問題研究所出版局）
服部之総『原敬百歳』（一九八一年、中央公論社）
馬場周一郎『蘭は幽山にあり　元自民党副総裁　二階堂進聞書』（一九九八年、西日本新聞社）
青年雄弁会編『濱口雄幸氏大演説集』（一九二九年、春江堂）
池井優・波多野勝・黒沢文貴編『濱口雄幸　日記・随感録』（一九九一年、みすず書房）
林田亀太郎『明治大正政界側面史　上巻』（一九二六年、大日本雄弁会）
原奎一郎編『原敬日記　第二巻』（一九六五年、福村出版）
岡義武・林茂編『大正デモクラシー期の政治　松本剛吉政治日誌』（一九五九年、岩波書店）
西尾林太郎・尚友倶楽部編『水野錬太郎回想録・関係文書』（一九九九年、尚友倶楽部）
村松梢風『秋山定輔は語る』（一九三八年、大日本雄弁会講談社）
山本幸一『山幸風雲録』（一九八三年、日本評論社）
石田秀人『快男児横田千之助』（一九三〇年、新気運社）
読売新聞調査研究本部編『証言・戦後議会政治の歩み　日本の国会』（一九八八年、読売新聞社）
若槻礼次郎『明治・大正・昭和政界秘史　古風庵回顧録』（一九八三年、講談社）
若宮啓文『忘れられない国会論戦』（一九九四年、中央公論社）

〈未公刊史料〉

「井上敬次郎氏談話速記」（国会図書館憲政資料室所蔵「憲政史編纂会収集文書」所収）
「田川大吉郎談話速記」（国会図書館憲政資料室所蔵「憲政史編纂会収集文書」所収）

〈Ｗｅｂ史料〉

厚生労働省ＨＰ（https://www.mhlw.go.jp/index.html）
ＨＰ「江田五月　新たな出発」（https://www.eda-jp.com/old-index.html）

〈研究書〉

有泉貞夫『星亨』（一九八三年、朝日新聞社）
稲田雅洋『自由民権の文化史　新しい政治文化の誕生』（二〇〇〇年、筑摩書房）
加藤陽子『昭和天皇と昭和の戦争』（二〇一一年、講談社）
北岡伸一『自民党』（一九九五年、読売新聞社）
小林道彦『大正政変』（二〇一五年、千倉書房）
佐々木隆『藩閥政府と立憲政治』（一九九二年、吉川弘文館）
テツオ・ナジタ（安田志郎訳）『原敬—政治技術の巨匠—』（一九七四年、読売新聞社）
西川誠『明治天皇の大日本帝国』（二〇一一年、講談社）
坂野潤治『明治憲法体制の確立』（一九七一年、東京大学出版会）

同　『大正政変』（一九八二年、ミネルヴァ書房）
牧原憲夫『客分と国民のあいだ　近代民衆の政治意識』（一九九八年、吉川弘文館）
御厨貴『権力の館を歩く』（二〇一〇年、毎日新聞社）
三谷太一郎『日本政党政治の形成―原敬の政治指導の展開―』（一九六七年、東京大学出版会）
村井良太『政党内閣の成立　一九一八〜二七年』（二〇〇五年、有斐閣）
村瀬信一『明治立憲制と内閣』（二〇一一年、吉川弘文館）
同　『首相になれなかった男たち』（二〇一四年、吉川弘文館）
同　『帝国議会』（二〇一五年、講談社）
渡邉昭夫編『戦後日本の宰相たち』（一九九五年、中央公論社）

〈論文など〉

伊藤之雄『元老の形成と変遷に関する若干の考察―後継首相推薦機能を中心として―』（『史林』六〇―二、一九七七年）
井上義和「文学青年と雄弁青年―「明治四〇年代」からの知識青年論再検討―」（『ソシオロジ』第四五巻三号、二〇〇一年）
櫻井良樹「立憲同志会の創設と辛亥革命後の対中政策」（『史学雑誌』第一〇三編二号、一九九四年）
新藤雄介「明治民権期における声と活字―集会条例による政談演説／学術演説の区分を巡る政治性―」（『マス・コミュニケーション研究』八八、二〇一六年）

兵藤裕己「明治のパフォーマンス　政治演説と芸能」（『岩波講座　近代日本の文化史　四　感性の近代』〈二〇〇二年、岩波書店〉所収）
前田英昭「床次の小選挙区制法案と議事妨害」（『政治学論集』三六、一九九三年）
松本洋幸「清浦内閣と第二次護憲運動」（『比較社会文化研究』二、一九九七年）
村瀬信一「第56議会における小選挙区制案の周辺」（『選挙研究』一八、二〇〇三年）
同　「議長席から見た帝国議会―片岡健吉の「議会談」―」（鳥海靖・三谷博・西川誠・矢野信幸編『日本立憲政治の形成と変質』〈二〇〇五年、吉川弘文館〉所収）
同　「斎藤隆夫の昭和二二年」（『日本歴史』八三二、二〇一七年）
安丸良夫「民衆運動における「近代」」（安丸良夫・深谷克己編『日本近代思想大系二一　民衆運動』〈一九八九年、岩波書店〉所収）
渡邉昭夫「侍補制度と「天皇親政」運動」（『歴史学研究』二五二、一九六一年）
同　「天皇制国家形成途上における「天皇親政」の思想と運動―日本的「立憲主義」との関連において―」（『歴史学研究』二五四、一九六一年）

著者紹介

一九五四年、東京都に生まれる
一九七八年、東京大学文学部国史学科卒業
一九八九年、東京大学大学院人文科学研究科博士課程単位取得退学
現在、川村学園女子大学・清泉女子大学非常勤講師、博士（文学）

〔主要著書〕
『帝国議会改革論』（吉川弘文館、一九九七年）
『明治立憲制と内閣』（吉川弘文館、二〇一一年）
『首相になれなかった男たち』（吉川弘文館、二〇一四年）
『帝国議会』（講談社、二〇一五年）

歴史文化ライブラリー
591

名言・失言の近現代史 上
一八六八—一九四五

二〇二四年（令和六）四月一日　第一刷発行

著者　村《む》瀬《せ》信《しん》一《いち》
発行者　吉川道郎
発行所　株式会社 吉川弘文館
東京都文京区本郷七丁目二番八号
郵便番号一一三—〇〇三三
電話〇三—三八一三—九一五一〈代表〉
振替口座〇〇一〇〇—五—二四四
https://www.yoshikawa-k.co.jp/
印刷＝株式会社 平文社
製本＝ナショナル製本協同組合
装幀＝清水良洋・宮崎萌美

ISBN978-4-642-05991-6

歴史文化ライブラリー

1996.10

刊行のことば

現今の日本および国際社会は、さまざまな面で大変動の時代を迎えておりますが、近づきつつある二十一世紀は人類史の到達点として、物質的な繁栄のみならず文化や自然・社会環境を謳歌できる平和な社会でなければなりません。しかしながら高度成長・技術革新にともなう急激な変貌は「自己本位な刹那主義」の風潮を生みだし、先人が築いてきた歴史や文化に学ぶ余裕もなく、いまだ明るい人類の将来が展望できていないようにも見えます。

このような状況を踏まえ、よりよい二十一世紀社会を築くために、人類誕生から現在に至る「人類の遺産・教訓」としてのあらゆる分野の歴史と文化を「歴史文化ライブラリー」として刊行することといたしました。

小社は、安政四年（一八五七）の創業以来、一貫して歴史学を中心とした専門出版社として書籍を刊行しつづけてまいりました。その経験を生かし、学問成果にもとづいた本叢書を刊行し社会的要請に応えて行きたいと考えております。

現代は、マスメディアが発達した高度情報化社会といわれますが、私どもはあくまでも活字を主体とした出版こそ、ものの本質を考える基礎と信じ、本叢書をとおして社会に訴えてまいりたいと思います。これから生まれでる一冊一冊が、それぞれの読者を知的冒険の旅へと誘い、希望に満ちた人類の未来を構築する糧となれば幸いです。

吉川弘文館